まえがき

　「世界で一番素晴らしい国はどこですか？」とよく尋ねられます．しかし「私の訪問した国は，それぞれに素晴らしいものが在るので一つだけを選ぶのはとても難しい」と答えています．実際それぞれの訪問先では，そこにしかないユニークな自然や歴史，野生動物群の生息地域，4,000 mを超える山岳地帯，神秘的な巨大樹木や森林，美しい島と雄大な景色，氷河連続山脈，見事な宮殿，寺院，城郭，豪華な絵画・彫刻などの文化遺産，混雑する旧市街，目を見張るような海鮮料理，ボリュームたっぷりの肉料理，美味しいマーケット食堂や親切な人々，更に人類の3大遺跡（ピラミッド，マチュピチュ，タージマハール），地球誕生を感じさせる大自然（グランドキャニオン，アリゾナのメサ，アルゼンチンのバルデス半島）があります．世界の国々にはそれぞれ独自の文化や習慣と自然があり，色々な国を訪問し直接体験するのはとても楽しいのです．親子だけでなく孫を含む家族の旅行は特に素晴らしい径験です．庶民的なレストランや酒場などで地域の方や異国からの観光客達との歓談はとても楽しい思い出になります．

　私は1969年に米国のシカゴ大学に移籍し，50年に渡り医学物理・放射線医学と放射線技術に関する研究・教育に携わってきました．その間に国際会議・共同研究や指導のため多数の外国を訪問しましたが，観光の時間は限られていました．その後，家族と一緒に多くの国を再訪し，「家族と一緒の外国旅行の素晴らしさ」に驚きました．この経験を多くの方に知っていただくために本書を執筆することにしました．本書の内容は，日本医学物理学会の機関誌「医学物理」（2021-2023）に「連載コラム　シカゴ通信（1)-(10)」として掲載された記事を基にしています．

土井邦雄　　2023年12月記

本書に含まれる国際会議・国際学会・国際機関・国際委員会

BIPM（国際度量衡局）　　　　　　　CARS（国際コンピュータ支援放射線医学・外科学会議）
ICR（国際医学放射線学会）　　　　　ICRU（国際放射線単位測定委員会）
SPIE（国際光工学会）

家族の楽しい世界旅行（39地域）

アラスカ

アリゾナ

コスタリカ

パナマ

ペルー

チリ

アルゼンチン

タヒチ

ニュージーランド

グアム

中国

香港

カンボジア

ベトナム

タイランド

インド

インドネシア

アラブ首長国連邦

エジプト

ギリシャ

バルカン半島諸国

イタリア

スペイン

ポルトガル

フランス

スイス

コペンハーゲン

ドイツ

オランダ

バルト3国

イギリス

アイルランド

南アフリカ

目次

1. アメリカ

1.1 最後のフロンティアと呼ばれるアラスカ

米国では，アラスカはしばしば「最後のフロンティア」と呼ばれています．この表現の意味を正確に理解するのは容易ではありません．2019年7月にアラスカを訪問し，数日間滞在して初めてその表現の意味を理解することができたと思っています．アラスカは北米大陸の最北端の部分ですが，以前はロシアに属していました．ロシアは1856年にクリミア戦争で英仏同盟軍に敗れ，かつてないほどの財政困難に陥っていました．そこで1867年米国ジョンソン17代大統領は，アリューシャン列島を含むアラスカ全土を720万ドルでロシアから買い取る契約を結んだのです．この金額は当時の米国予算の3分の1だったため，米国世論で

は「巨大冷蔵庫を購入した」などと悪評が高かったのですが，その後それは極めて歴史的安価で，時代が進むにつれ，"評価できないほど有利な買い物だった"ことが明らかになってきています．

シカゴから日本に移動するために，以前はアンカレッジ経由の飛行機を利用していて，アンカレッジで"温かいうどん"を食べると日本に近づいた感じを持っていました．30年ほど前にシカゴ−米国西海岸−日本便ができ，更にシカゴ−日本直通便になってからはアンカレッジを通過する必要がなくなりました．しかし，約25年前にシアトルから日本に向かって太平洋を飛行中に，突然「第2エンジンが故障だ．火災か

図1.1　アンカレッジの街と遠方のアラスカの山岳（ホテル客室からの眺望）

図1.2　(A)サーモンを釣る絶好の釣場所に集まる釣り人達　　　　　　　　　　　(B)釣れた魚

図1.3　プリンス・ウィリアム湾に流れ込む二つの氷河（ツアーで訪れる26の氷河の二つ）

図1.4　コロンビア大氷河：長さ55km，幅約5km，氷の最も厚い部分915m，海に流れ込む部分の高さは海面から76m，クルーズ船は氷河から10kmの地点まで接近（写真中央下）

どうかを誰か見てください！」とパイロットの緊急機内アナウンスがありびっくりして目を覚ましました．その後パイロットは"取り乱したことを乗客に謝罪"し，約3時間後に飛行機は最寄りのアンカレッジ空港に無事着陸しました．乗客は空港近くのホテルに宿泊し，翌日にはアンカレッジからシアトルに戻った後，再びシアトルから日本へ出発したのです．

また，2011年の東日本大震災の当日，妻はシカゴから成田直行便に乗っていました．成田到着1時間前に地震が発生し，飛行機は急遽アンカレッジに戻ったのです．当時，日本だけでなく米国でも大混乱が起こっていました．そのため米国の電話会社は，米国から日本への国際電話をすべて無料にしたのです．数日後には，妻は無事日本を訪問することができました．このようなことがありアンカレッジ（図1.1）につい

ては若干の知識がありましたが，アラスカは今回が初めてでした．

アラスカでは色々なアクティビティを楽しむことができますが，釣りに関しては豪快なサーモン・フィッシングをアンカレッジの街の中心付近にある鉄道駅の北側のシップ・クリーク（図1.2）という支流の約200メートルの狭い場所で楽しむことができます．ここではいつも数十人の釣師が糸を垂れています．川岸から沢山の濃い魚影を認めることができるのには感激です．ここで釣師たちを眺めていると，次々に大きなサーモンを釣り上げとても驚きます．この場所は先住民の住んでいた時代から，クック入り江から遡上してくるサーモンを捉える絶好の場所だったそうです．アラスカで金が発見されたゴールドラッシュの時代にも，大勢が川岸にテントを張ってサーモンを捕獲して

図1.5 コロンビア大氷河の一部の拡大図（高さは海面から76m）

いたそうです.

アラスカの雄大な自然で世界一のものは氷河です.そこでアラスカは氷河王国とも呼ばれています.山岳地帯に降った雪が積もりその重量から氷となったのが氷河で,毎年ゆっくりと移動しています.アンカレッジの近くのプリンス・ウィリアム湾には多くの氷河（図1.3, 1.4, 1.5）が流れ込んでいます.この見学にはアンカレッジから日帰りツアーを利用するのが便利です.ツアーによっては26の氷河を見学できるものもあります.ツアーの船は氷河から10 km以内には近寄らないので危険はないそうですが,巨大な氷片が海に落ちると船は僅かに揺れるそうです.

一方,自動車で近づくことのできるアラスカ最大の氷河はマタヌスカ氷河（図1.6）で,アンカレッジから車で2時間ほどの距離です.拡大図（図1.7）では氷河の近くにいる3人の観光客の大きさから巨大さがわかると思います.この氷河の末端部の位置は,最近400年ほどの間には変化していないそうですが,18000年前にはパーマーという町まで伸びていたそうです.

アラスカ訪問中に,氷河時代から生き残っているジャコウウシ（図1.8）を放牧している世界でも珍しい牧場があることを知り訪問しました.ジャコウウシは極寒の気候では元気ですが,夏にはぐったりとして全く元気をなくします.ジャコウウシを馬や牛のように人間になれた家畜に育てるには50年かかるそうです.これはとても長い年月のように思いますが,もし可能ならば,人間にとって有益な動物になると思えます.特に,ここでとれるキヴィットと呼ばれる毛糸はエスキモーたちによって紡ぎだされており,その温かさは羊毛の8倍と言われています.牧場内ではマフラーや手袋,帽子などを高価ですが購入できます.そこで我々はアラスカ訪問以来この牧場へ寄付支援をすることにしました.米国ではこのような非営利団体への寄付は所得税控除になり,全米の平均寄付支援額は各個人の年間総所得の約2%になります.アラスカで最も人気のある観光地の一つはデナリ国立公園です.ここには以前マッキンレーと呼ばれた（現在デナリと名称変更）北米で一番高い標高6,190 mの山があります.アンカレッジから車で5時間の距離ですが,我々が訪問した時には雲がかかっていたため雄大な姿の写真を撮ることができませんでした.しかし1週間前に訪問した観光客夫妻は「晴天だったので飛行機による遊覧飛行は生涯最高の景色だった.飛行機代金の価値はあった」と言っていました.

アンカレッジからシカゴへの帰還は夜の飛行機でしたので,アラスカ内陸の山岳の様子ははっきり認識できませんでした.しかし,次から次へと現れる山岳が

図1.6　マタヌスカ氷河：長さ39km，幅平均3.2km，末端部の幅6.4km

図1.7　マタヌスカ氷河拡大図：右下に3人の観光客

が雪と氷で覆われている様子（図1.9）はわかりました．アラスカには10万もの氷河があると言われていますが，その総面積は州面積の約3%に相当し，アラスカ州に存在する淡水の4分の3は氷河に蓄えられているそうです．アラスカの面積は全米50州のうち第1位で，第2位のテキサス州の2.5倍で，日本の約4倍です．しかし人口はたったの70万人です．"アラスカは1年中寒い"というイメージがありますが，夏には30度を超える日もあるそうです．特にアンカレッジを含む中南部沿岸や西南部は比較的温暖な気候で知られています．シカゴの医学物理師でアンカレッジに転職した友人のトニーは，「アンカレッジは冬でも年に

図1.8　氷河時代からの生き残り ジャコウウシ：ムスクオックス・ファームで飼育

図1.9　アラスカ山岳地帯に10万以上あるとされる氷河群
（アンカレッジからシカゴに帰宅途中航空機から撮影）

よってはシカゴよりも温暖だった」と言っていました．アラスカ訪問の教訓は「実際に行ってみないとわからない」ということと，観光案内の本によれば「ま

だまだたくさんの興味ある事を経験してみたい最後のフロンティア」だと感じています．是非，今後多くの方がアラスカを訪問することを期待しています．

1.2 "地球の始まり"の残るアリゾナ

地球は46億年前に誕生したと言われており，アメリカのアリゾナ州にあるグランドキャニオンやモニュメントバレーのメサは，自然の浸食によって約2億年前にできたと考えられています．人類の歴史は約20万年ですから，アリゾナの自然は遥か以前にできたものです．グランドキャニオンは宇宙から認識できる地球上の唯一の地形とも言われています．私が初めて渡米した1965年にアメリカ大陸を横断飛行した時には，あまりに巨大な山岳，断崖，砂漠風景の連続に驚き，写真を撮り続けたのを覚えています．

アリゾナ州とその周辺には素晴らしい巨大な自然が残っていますが，この地域を訪れるにはラスヴェガス（図1.10）から数日間レンタカーを利用するのが便利です．ラスヴェガスから北東方向の砂漠地帯を通過して3時間ほどの距離にザイオン国立公園があります（図1.11）．この地域は浸食された岩山の連続地帯で，複雑な岩石と色彩の変化の素晴らしい風景に圧倒されます．公園内の宿泊は人気があるので予約が困難ですが，これより先のカナブという小さな町のホテルの滞在は快適でした．

グランドキャニオンに南東側から近づくと，アリゾナの平原地帯に小グランドキャニオンと呼ばれる渓谷があります．遠くから眺めると，大平原に巨大な割れ目があるような印象ですが（図1.12），切り立つ崖の下を僅かな川が流れています．これを遠方から眺めると一体何があるのかを不思議に感じる光景です．山と

図1.10　ラスヴェガスの街の昼と夜

図1.11　ザイオン国立公園の岩山

図1.12　平地に"巨大な地割れ"に見えるコロラド川支流

図1.13　崖上から眺めるコロラド川支流の僅かな流れ

山の間に流れている日本の川とは全く異なります．崖の縁から眺めると，深い谷底に僅かな川の流れが認識できます（図1.13）．大雨の時には巨大な濁流に変貌し，浸食が加速すると思われます．

　グランドキャニオン（図1.14，1.15）は，河川の浸食によって2億年もの年月をかけて形成されたと考えられています．現在のコロラド川はロッキー山脈から発し全長2,350kmの巨大な川です．グランドキャニ

オンは渓谷の長さ460km，谷の幅6〜30kmで，谷底まで2,000mもの高低差があります．展望台からの景色は，場所によって様々な変化に富んでいますが，その巨大な構造には圧倒されます．地球上には，このように壮大な景色と比較できるものはないと思います．グランドキャニオンを言葉で記述するのは極めて困難です．日本の山では谷間に向かって大声で叫ぶとコダマが返ってきますが，グランドキャニオンでは反射は

図1.14　谷底まで2,000mのグランドキャニオン（東方向の渓谷）

図1.15　500kmも続くグランドキャニオン（西方向の渓谷）

なく"シーンと"静かに吸い込まれるような不思議な感じがします．これは"反射のない世界"の経験だと思います．グランドキャニオンの近くの宿泊にはフ

ラッグスタッフが便利です．この街はシカゴからロサンゼルスまでの主要道路（ルート66）の上にあります．1960年代には「ルート66」という二人の青年が

図1.16　遠方から眺めるモニュメントバレー国立公園に林立するメサ群

図1.17　モニュメントバレーにある500mの高さの巨大なメサ

図1.18　ペトリファイド・フォーレスト国立公園（1975年3月頃撮影）

図1.19　アリゾナ州スコッツデールのツルーン・ノース・ゴルフコース

小さなオープンカーで旅するアメリカ人気連続TVドラマを楽しんだことを覚えています．現在でもルート66の看板はシカゴや米国各地で目にします．

　アリゾナには多数の国立公園がありますが，モニュメントバレーにあるメサ群（図1.16, 1.17）は極めて特徴のある巨大な自然の構造物です．砂漠地帯のように樹木のない平原に突然そそり立つ岩山のような構造が林立しています．高いものは500mもあるそうです．メサがどのようにしてできたのか，とても不思議な感じがします．書籍などで納得のゆく説明を見つけるのは困難です．グランドキャニオンのできたこの地域では，平地での降雨量は想像を絶するものだったと思われます．そのため，比較的柔らかい土砂成分は流され，硬い成分だけが残ったのではないかと推察します．しかし，何故このような景色になる岩の成分だけが残ったのかはわかりません．あとは，専門家の分析や解釈を期待します．

　多くの方は，メサを初めて見たのは西部劇映画ではないかと思います．白人とインディアンの戦いで，インディアンは高台で"のろし"を上げて味方に"合図"を送ったのです．"のろし"は高い場所で上げる必要がありますので，メサが利用されたものと思います．しかし，メサにのぼるのは容易ではありませんから，実際にそのようなことが起こったかどうかは疑わしいと思います．モニュメントバレーはナバホ・インディアン居留地の中にあり宿泊施設は限られています．カ

イエンタという小さな町にモーテルがありますが，この地域は禁酒でビールなどは販売されておらず，自分で持ち込むことが必要です．

　1969年に私の家族はシカゴに移住したのですが，1975年頃にシカゴからロサンゼルスまで3週間の自動車旅行をしました．その時，アリゾナのペトリファイド・フォーレスト「化石の森」（図1.18）という国立公園に立ち寄っています．これは太古の樹木に石灰水が浸み込み石となって，樹木の形として地上に露出し保存されているものです．信じられないほどの長い年月の後，地表に露出し保存されているのは驚異的です．この保存地域では，多数の丸太状の化石が地表にゴロゴロと露出しているとても珍しい公園です．私は世界中にこのような地域の存在を聞いたことがありませんので，極めて稀な地域と思います．

　アリゾナは年間を通して気候が良いので，米国では退職した方々の住居地として高い人気があります．更に，砂漠地帯が多くゴルフ場を建設しやすいと思われ，多数の著名なゴルフコースがあります．スコッツデールの人気のあるツルーン・ノース・ゴルフコースには，アリゾナ特有の巨大サボテン，サグアロ（サワロ）（図1.19）が多数生えています．このキャクタスに打ち込まれたゴルフボールには驚きました．サボテンには多数の小さな穴がありますが，これは小鳥の巣だそうです．その小鳥の巣にゴルフボールが飛び込んだのかもしれません．

1.3　自然と人工のバランスのグアム島

グアム島は東京から飛行機で約4時間の距離にある，日本から最も近い米国の領土です．グアム島には多数の美しいビーチがありますが，「多くのビーチにはほとんど人がいない」のは不思議な感じがします．人がいない理由は“多数のビーチへ行くにはレンタカーが必要”だからと思います．我々は2017年と2018年にグアム島を訪問しましたが，“グアム島ビーチは世界最高レベル”と思うほど素晴らしいです．今まで我々が訪問した日本の石垣島と宮古島，東南アジアの島々，地中海沿岸やカリブ海の島々とくらべた結果，2年続けて訪問したのはグアム島だけです．グアム飛行場の近くにはタモン湾（図1.20, 1.21）があり，

多数のホテル，レストランや商業施設もその周囲に集中していますので，観光客の多数はこの付近に滞在します．しかしレンタカーを利用すれば，行動範囲はグアム島全体に広がります．グアム島には多くのジャングルや海辺があり素晴らしい自然が残っています．

グアム島の形はピーナッツの殻のようで，幅15km，長さ50km程の大きさです．人口は約16万人ですが，旅行者は年間約100万人です．人種は，チョモロ人45%，フィリピン系25%です．島の所属は米国ですが準州と呼ばれています．歴史的には1521年にマゼランによって発見され，その後スペインが支配し，1898年からは米国の植民地でした．しかし，後

図1.20　グアム島タモン湾左端のマリオットリゾート（手前後方）から眺めるビーチ：
白波はサンゴ礁の位置，薄い水色は白砂領域，濃い部分は熱帯魚のいるサンゴ礁や岩石領域

図1.21　タモン湾左端の海岸から外洋の景色：白波の手前はサンゴ礁で囲まれた浅く穏やかで熱帯魚のいる領域，濃い青は外洋，
中央付近の右手絶壁は恋人岬

図1.22　海に泳いでいる魚を海中から眺めることのできる海中観覧塔(Fish Eye Marine Park)

図1.23　海面から約10mの深さの海にいる魚

述のように第2次世界大戦のはじめの短期間だけ日本の支配下にありました.

　グアム島は,北海道の知床半島とほぼ同じ東経度の位置で,フィリピンのマニラとほぼ同じ北緯度です.グアム島に一番近い国はフィリピンです.グアム島は,マリアナ諸島とミクロネシア領域で最大の島なので,アジアの広大な地域での戦略的に重要な拠点です.実際,日本との第2次世界大戦後半と更にベトナム戦争では,米軍はグアム島を基地として爆撃したそうです.

　グアム島で面白いと思われるのは海中観察室(Fish Eye Marine Park)（図1.22）です.海岸から約400mの位置の海底の観察室から眺める多数の魚（図1.23）は見事です.船底にガラス窓を設置した海底観察船は世界各地にありますが,一般に魚を探すのは容易では

ありません.魚が見つからない場合もあります.しかし,グアム島の海中観察室では,餌を撒いて魚を集めることができるので,我々が訪問した時には約20〜30cmの多数の魚を見ることができました.大きな魚の群れにはびっくりです.

　海水浴やスノーケリングのできる海岸はグアム島に多数ありますが,ほとんど人影を見ない（図1.24）のは不思議な感じがします.海水浴や日光浴をしている若者たちを見たのは,北端のリティディアン岬ビーチ（図1.25）とグアム島南端のメリッツォでした.リティディアン岬ビーチはかなり離れた地域にあり,ビーチまでの最後の数kmの道路は最悪の状態でした.アスファルト道路は大きな穴だらけで,世界最悪とも思えるような悪路でした.しかし,交通量がほとんどないので安全性には問題ありません.このビーチ

図1.24　グアム島南西部の人影のない美しいビーチ

図1.25　グアム島北端のリティディアン岬ビーチ：遠方の白波はサンゴ礁の位置

図1.26　グアム島南端のメリッツォ桟橋：釣船の乗客と手前の海に子供達

はサンゴ礁で囲まれた素晴らしい白砂の海辺で，スノーケリングで熱帯魚と一緒に泳ぐのはとても楽しいです．ただしシャワー等の施設はありません．

　グアム島南端のメリッツォ（図1.26）には，道路の近くに船着き場と若干の商店があります．海釣り客のための小さな桟橋があり，その近くで子供たちが泳いでいましたが，ここでもスノーケリングを楽しむことができました．沖には小さな島が見えましたが，無人島かもしれません．グアム島南部には小高い丘陵地域（図1.27）があり素晴らしい景色を楽しむことができます．

　グアム島では，アウトバックというステーキ屋で

図1.27　グアム島南部の丘陵地帯

図1.28　グアム島地元人気レストランの海鮮料理と肉料理

ウェイターと仲良しになり，人気レストランを教えてもらい，地元でベストの小さなレストランでの食事（図1.28）を楽しみました．このレストランのシェフは，パリの一流レストランで修業した経験者で，"さすが"と思わせるほど素晴らしい料理でした．

　1941年12月8日の日本軍の真珠湾攻撃で第2次世界大戦は始まったのですが，その5時間後にグアム島も攻撃し，グアム島は2日後に降伏したのです．その後2年7カ月間は日本軍がグアム島を占領・統治していました．そこで一時はかなりの数の日本人兵士がグアム島に滞在していたそうです．しかし1944年8月に米国がグアム島を奪還して多くの日本兵はジャングルに逃亡したのです．その数は約2,000人と推定されています．

　その後1972年，戦争終結から28年後に旧日本兵の横井庄一さんがジャングルの中から見つかりました．これは奇跡的な生還と，日本だけでなく世界中に特別なニュースとして伝わりました．横井さんは「恥ずかしながら帰って参りました」と挨拶し，その年の流行語になったそうです．このようなことが起こったのは日本の軍事教育で「生きて本土へ帰らぬ決意」を教え

られていたからと思います．そこで多くの日本人は「まだ戦争は終わっていなかった」という現実を突き付けられたのです．これは大変悲しいことですが，歴史上の事実です．この横井さんに関する記事は現在インターネットで容易にアクセスできます．なお，グアム島の横井さんの住んでいた「ヨコイ・ケーブ」は現在私有地のため，付近まで行けますが見学はできません．

　宇都宮の私のチカヒラ叔父は第2次世界大戦中に南方の島に派遣され無事帰国していました．戦後10年程経ってから，東京の私の母と戦時中の兄妹たちの思い出話をし，叔父は最後には戦死した多くの戦友を想い「サーラバ，ラバウルよ，また来る日ーまーで...」とラバウル小唄を泣きながら歌ったのです．私は生涯その時の様子を忘れたことはありません．当時高校生の私には，残念ながら叔父の気持ちを十分理解することはできなかったと思いますが，悲しさと同時に自分はこれから「日本をなんとかする」と強い決意をしたのです．

若い方へのアドバイス

　英語が得意でないという理由でグアム島を敬遠する可能性があります．しかし，反対に，グアム島を利用して英会話を上達するチャンスと考えることもできます．グアム島への旅行では複雑な会話は必要ありません．例えば，必要なのは飛行場での会話，更にホテルや買物，レンタカーやガソリンスタンド，レストランやファーストフードなどです．そこで渡航前に友人達と会話の準備や練習が可能と思います．

　日本では3人宿泊すると3人分の料金が要求されます．しかし外国ではツインの部屋を利用し簡易ベッドを追加すればツイン料金です．但し3人をアクセプトするホテルは少ないです．個人でホテル予約をすれば，ホテル代金は大幅に節約できます．更に全てを自分でやることで経験が増え，外国旅行の準備にもなります．

2. 中南米

2.1 タンゴのアルゼンチンとエビータ・ペロン

　私は新宿高校や早稲田大学に通う青春時代に新宿を地元とする地域で育ったために，その影響を受けていると感じています．1960年代によく知られていたのはシャンソン喫茶ラメールやタンゴ喫茶でした．タンゴ喫茶では藤沢ランコ(1925～2013)と早川真平のバンドネオンだったのです．現在調べてみると藤沢ランコは日本だけでなくアルゼンチンでも有名なタンゴ歌手でした．後述のアルゼンチンのペロン大統領の主催する慈善晩餐会に出席していたのです．

　1980年代からブラジルの会議や大学での講義などで，私はサンパウロを何度か訪問するチャンスがありました．その時サンパウロ飛行場で "Next flight to Buenos Aires—" と女性のソフトで低音の魅力的なアナウンスを聞き "天使の声" のように感じ，将来Buenos Airesを訪問したいと思っていました．それが2001年のICR（国際医学放射線学会）の開催で実現したのです．

　アルゼンチンはブラジルの南から南極近くのパタゴニアまで広がっており，チリの東側の位置です．広大な土地を有する国であることは明らかです．面積は日本の約7.4倍，人口は約4,600万人です．首都のブエノスアイレスの人口は300万人ですが，郊外を含むと1,500万人と5倍で国全体の約30%が首都圏に住んでいます．図2.1はホテルから眺めたブエノスアイレスの街です．ヨーロッパ風の建物が目につきますが，高層建築はほとんど見当たりません．

　アルゼンチンで有名なのはタンゴのダンスですが，タンゴに対する情熱は想像を絶するレベルだと思いま

図2.1　ホテルから眺めるブエノスアイレスの街

図2.2　カミニートのカラフルな住宅と週末の街のタンゴに集まった人々

図2.3　ブエノスアイレスの街中に見られる週末のタンゴ

図2.4　ブエノスアイレスのディナーショーでのタンゴ

図2.6　レコレータ墓地エビータの墓

図2.5　エビータ（エバ）・ペロン

ドネオンの演奏や官能的な踊りを楽しむこともできます．地元の方によると，一流のダンサーは外国へ出かけているのでブエノスアイレスで踊るのは次のレベルの方々だそうです．現在はインターネットで最高レベルの素晴らしいタンゴのビデオ（例：Planetango 2016）を鑑賞することができます．

　エビータ（エバ）・ペロン（1919〜1952，図2.5）はアルゼンチンだけでなく"世界史の中で特筆すべき"人物だと思います．エバは私生児として生まれ，極貧の中で育ったのですが，16歳でブエノスアイレスに出てラジオや映画で活躍します．ペロン大佐とは1944年（ペロン48歳，エバ24歳）に出会い，翌年結婚し，その後エバのラジオによる強力な支援もありペロンは大統領に当選します．エバは貧しい人々を支援するためにエバ・ペロン財団を創設し，多くの慈善事業を実行しました．労働者の住宅建設，養護施設，孤児院，病院の建設，更に毛布，食料，靴，ミシン，調理鍋などを毎年50万人に与えたのです．エバは1日20時間も働き，1952年33歳の若さで子宮癌のため早

す．タンゴの発祥はカミニート（図2.2）で，極彩色の家の集まっている観光地になっています．週末には街角でタンゴを踊るカップル（図2.3）が登場し，大勢の見物人が熱心に取り囲む様子にはとても驚きます．ライブハウスや小劇場（図2.4）で飲み物や食事を楽しみながら，本場のアルゼンチン・タンゴのバン

死したとも言われています.

　エバはより良い世界への信念を持っており，自己犠牲的で魅力的な人だったと言われています. アルゼンチンでは，エバの時代が唯一 "国民不平等のなかった時代" と言われているそうです. このような人を "世界中のどの国の，どの時代でも" 見いだすのは困難だと思います. エバは国民に絶大な人気があったので，その葬儀にはアルゼンチン全土から300万人が参列したそうです. これを，最近の英国エリザベス女王葬儀参列者100万人と比べると3倍も多いのに驚きます. エビータ・ペロンの人気は，想像を絶するものがあったと思います. 我々はエバの墓（図2.6）を訪問したのですが，死後48年経っても沢山の花束が添えてあったのには驚きました. 1996年には米国でエバ・ペロンに関するマドンナ主演のハリウッド映画「エビータ」が制作されました. アカデミー賞受賞曲 "Don't cry for me Argentina" は素晴らしい名曲だと思います. インターネットでは，多数の欧米女性歌手の驚くほど美しい歌声で聞くことができます.

　ブエノスアイレス訪問の後，パタゴニアの始まる地域のバルデス半島（図2.7）を訪問しました. この半島は南米大陸の出島のような形で，その根元近くには2つの巨大な（直径約50kmと20km）円形の湾が反対側にあります. 2つの湾の間の距離は10kmと接近してい

図2.7　アルゼンチン地図

図2.8　バルデス半島のヌエボ湾（クジラの産卵及び子育て場）で海岸に近づくクジラを眺める人々

図2.9　バルデス半島近くのプエルト・マドリンの街（ホテルの窓からの景色）

図2.10　バルデス半島の絶壁の海岸：手前下に多数のアザラシ

図2.11　バルデス半島の海岸にいるゾウアザラシ(sea elephant, 5m, 3t)のハーレム

ます．これは地球創成期に巨大な隕石の落下によってできたと聞いています．この湾はクジラが産卵と子育てをする場所だそうです．この湾は海岸から急に深くなり，海岸近く（10m程）までのクジラの接近（図2.8）を観察できるのは大変な驚きです．

　ホテルの窓からは，クジラが6回も連続ジャンプするのを何度も見ることができましたが，これは凄い経験だったと思っています．私は世界中にこのようなクジラの連続ジャンプを観察できる場所を聞いたことがありません．プエルト・マドリン（図2.9）という小さな町のホテルに滞在したのですが，一晩中ガタガタと強い風の音に悩まされ“風の強い”パタゴニアを体験していると感じました．

　バルデス半島はゾウアザラシでも知られています．絶壁の上からゾウアザラシの群（図2.10, 2.11）を見つけた時にはびっくりしました．崖沿いの小道を下って海辺で寝そべっているゾウアザラシ・ハーレムまで近づき接写できたのには大変驚きましたが，多分，ゾ

ウアザラシたちは熟睡中だったと思います．

　バルデス半島訪問中，パタゴニアの大樹のない平原を観光車両で走っている間に，動物（ラクダ科のグアナコ）の群を何度か遠方から眺め，写真に撮ることはできませんでしたが，多くの野生動物がいることは明らかでした．

　アルゼンチンの思い出としてカルピンチョ（日本ではカピバラと呼ばれる）の手袋と靴を入手しましたが，現在も前橋で冬季に愛用しています．手触りの良いユニークなパターンのソフトな皮製品でとても気に入っています．アルゼンチンは日本から遠く離れていますが，大変魅力的で訪問する価値のある素晴らしい国だと感じています．

参考映画「エビータ」1996年　アルゼンティン大統領夫人の華麗な半生と悲劇
アカデミー賞受賞名曲：Don't cry for me Argentina
アルゼンティン・タンゴのビデオ：Planetango 16　一流タンゴダンサーの競演

2.2　コスタリカのグループツアー

　コスタリカはパナマに隣接する北側の国です．この国名はコロンブスがカリブ海を航行中に発見して「コスタリカ」とスペイン語で叫んだ "美しい海岸(beautiful coast)"（図2.12）という意味です．面積は北海道より若干小さく，東西はカリブ海と太平洋で囲まれ中央には富士山よりも高い山や火山があり，東側はカリブ海からの，西側は太平洋からの湿気を含んだ風が吹くため両側とも降雨量の多い植物の生育しやすい気候でコーヒーや熱帯果樹が実ります．5〜11月は雨季で，観光シーズンは12〜4月の乾季になります．コスタリカは永久中立国を宣言し軍事力を排除したユニークな国です．国土の25％は国立公園などで自然を保護しているため米国では人気のある観光地です．妻と私は2019年に8泊9日のグループツアーに参加することを決めました．ツアーは約20名が参加し大型バスで毎日各地を訪問しました．コーヒー農園の見学，動物保護施設で

イグアナや珍しい動物観察，山の中腹に作られた巨大な段々畑のような温度の違う（上流は高温）温泉プール施設，バタフライ・ガーデン，ジャングルの河のクルーズ．バード・ウオッチングでトウカンと呼ばれる美しい鳥（図2.13）を見つけたときは感激でした．更にワニの観察，緑色のトカゲが川面を走る様子，レインフォーレストで豪雨の中いくつものつり橋を渡る冒険ウォーキング，ジャングルの自然を観察する探索（図2.14）や海岸リゾートでのリラックス，巨大ウミガメの卵を孵す海岸の保護施設（図2.15）の見学もありました．

　グループは首都サン・ホセ空港で集合し，最後に空港で解散するまでガイドの指示で楽しい時を過ごすことができました．特にガイドはバスの移動中コスタリカに関すること，自然やバナナやパイナップルなどの食物（図2.16，2.17）やサルやワニなどの動物（図

図2.12　コスタリカのカリブ海側海岸

図2.13　美しいトウカン

図2.14　ジャングルを探索するグループ

2.18, 2.19）など広範な話題を話してくれ絶えず興味深く旅行を楽しむことができました．ホテルは一流の施設で食事は3食含んでいましたが，料金一人約20万円は極めて妥当だと感じました．

図2.15　巨大ウミガメの卵の孵化場

図2.16　野生のバナナの木の花とバナナ

図2.17　コスタリカのジャングル

図2.18　コスタリカの野生のサル

図2.19　コスタリカの川にいる野生のワニ

2.3　驚くほど素晴らしいチリ

　1980年代に私は初めてNIH（アメリカ国立衛生研究所）の研究補助金（グラント）を獲得でき，研究員として放射線技師を公募しました．6人の応募者から選考委員全員一致で選んだのがマリアでした．マリアのご主人は南米チリからの研究者としてシカゴ大学に滞在していました．その後マリアはチリに戻りましたが，約20年後に私にコンタクトがあり，2004年にチリ・サンチャゴでの放射線技術と医療系検査共同学会での講演に出かけることに決めました．学会では3日間の講演でしたが，チリの方々の温かいもてなしに感謝し，パタゴニアへの2泊3日の運転手とガイド付きの旅行にでかけました．以下の私の記事は，主として歴史や自然と環境に関するものですので，現在にも当てはまると思っています．

　チリは，南米の太平洋側の国で，長さ4,329km，幅は平均175kmの細長い国です．東側はアンデス山脈，西側は太平洋に面しています．チリの北端は亜熱帯で砂漠があり，南端は南極のそばのマゼラン海峡です．チリの中ほどにある首都のサンチャゴは温暖な気候です．チリの人口は約2,000万人，領土は日本の約2倍です．人種はスペイン系とほかの白人とその混血が97％です．輸出は，鉄，銅などの鉱物資源ですが，日本と同様に海産物は豊富です．チリは100年以上外国と戦争をしていないユニークで豊かな国です．

　サンチャゴは，太平洋岸から約120km内陸に入ったところにあり，標高520m，年間を通して温暖な気候で年間300日晴天です．排気ガス汚染がひどく午後になると山が見えなくなりますが，土曜日の午前中は高台

図2.20　南米チリ・サンチャゴの大都会と南米大陸の巨大なアンデス山脈：中央左上は"大気汚染でかすかに見える"雪渓の残るアコンカグア（6,960m）

図2.21　チリ・サンチャゴのモネダ宮殿：1973年に軍事クーデターが起こった場所

図2.22　チリ・サンチャゴの中央市場：左端は残雪のアコンカグア

図2.23　チリの海鮮料理の豊富な材料（タコ，ウニ，フジツボ，ムール貝，アジ，サーモン）

図2.24　チリ・サンチャゴ郊外ビーニャ・デル・マーの美しい海岸：右端は隣街のバルパライソ

のサン・クリストバルの丘からサンチャゴの街や“かすかに見える”アコンカグア（図2.20）を眺めることができます．アコンカグアまでは約100kmの距離です．

チリについての私の記憶に残っているのは，1973年に軍事クーデターが起こり，アジェンデ大統領が激しい銃撃戦の結果モネダ宮殿（図2.21）で自殺し，ピノチェト陸軍総司令官が大統領に就任したことです．しかし，1989年の総選挙で反軍政府派が圧勝，ピノチェトが敗北してこの事件は終了したのです．そ

こで，マリアがシカゴに滞在したのは，ピノチェトの軍事政権時代だったことがわかります．チリの政情は安定している印象でしたが，最近若い政権に大きく舵を切っています（追加記事後述）．

サンチャゴ訪問の魅力の一つは，有名な中央市場（図2.22）です．この巨大な市場には，全ての食材がありますが，魚介類（図2.23）は特に素晴らしいです．エリッソ（ウニ），ロコ（肉厚のアワビ），ジャイパ（カニ），アルメハ（ハマグリ），チョルガ（ムール

図2.25　チリ南部パタゴニア地方のサーモンの稚魚養殖湖

図2.26　チリ・パタゴニアのエメラルド・グリーンの湖

貝），ピコロコ（巨大なフジツボ），コングリオ（アナゴ）などがあり，海鮮食堂ではソパ・マリスコスという具だくさんの海鮮スープや新鮮な生の魚介類（刺身のような）を楽しめます．

　サンチャゴから太平洋側に自動車で約2時間の距離の海岸にビーニャ・デル・マー（図2.24）とバルパライソという隣接した美しい町があります．バルパライソは，"天国のような谷"という意味です．1960年5月22日19時11分にチリ地震が起こりました．チリ地震は，マグニチュード9.5で観測史上世界最大級のものでした．この美しい海岸では，突然海面が沖に移動し始め，海底が見えだしたために"多くの人は珍しさから海底に向かって歩き始めた"そうです．しかし，その直後に津波が押し寄せ多くの方は犠牲になったのです．2日後には日本でもチリ地震による6mの津波で岩手県などの海岸では142人が亡くなりました．このチリ地震では死者6,000人でしたが，2011年の東日本大震災では約2万人が犠牲になっています．1755年のリスボンの大地震の犠牲者は6万人ですので，地震の恐怖は今も地球上に継続していることが明らかです．

　サンチャゴでの会議の終了後に，チリ南部のパタゴニアの始まる地域に出かけました．サンチャゴは夏でしたが，パタゴニアで突然，冬の気候に変化し大変な驚きでした．この地域で有名なのはサーモンの養殖です．サーモンの稚魚は湖（図2.25）で育てられ一定の大きさになると海の養魚場に移すのです．その移動は大型トラックの水槽ですが，時々高速道路に20cm程の"干乾びた"サーモンの稚魚を見つけた時にはびっくりしました．これはトラックの水槽から飛び出した魚です．

　この地域には以前多くの巨木が生えていたのですが，開拓にはドイツからの移民が重要な役割を果たしたそうで，現在ドイツ村があります．巨木を切り倒し平地にするためには，当時ノコギリしか手段がなかったと想像します．チェーンソーの発明は1840年頃のドイツ人ですので，「この地域の開拓者はチェーンソー発明の動機や機械の試作に何らかの貢献」をしたのではないかと想像しています．現在のチェーンソーは凄い機械で，シカゴ自宅庭にある直径1mの木を一人で1分以内に容易に切ることができます．ただし，大きな木を切

図2.27　チリ・パタゴニアの"チリ富士"と言われる万年雪のオソルノ活火山

図2.28　パタゴニアのクジラや海鳥見物：2人のトラベルガイド
　　　　と上船準備
　　　　我々の被っている帽子はパタゴニアで入手，18年後の
　　　　現在も愛用中

るには多数に分割して切る必要があります．私は個人的に"チェーンソーは人類の大発明の一つ"と思っています．チェーンソーがなければ，大量の建築木材を入手することは不可能と思います．

　パタゴニアで驚いたのは，エメラルド・グリーン色の美しい湖（図2.26）です．この湖から流れる河の注ぐ"河口近くの海"も同じエメラルド・グリーンだそうです．この色の原因は，氷河が岩石を削り取り，その結果の"微細な粉末"の色だそうです．私は，このような景色を世界中のどこでも見たことがありません．微細な粉末についてはアラスカのマタヌスカ氷河を訪ねた時に，氷河末端近くの土砂は，今まで見たことのない"物凄く細かい灰黒色の粉末"だったために，靴にまとわり付いたことを思い出しました．しかし，この粉末が氷河に関係する物質であり，川に流れ込むと"どのような色の池になるか"予側できませんが，興味ある疑問です．

　パタゴニアには，"チリ富士"と呼ばれる夏でもスキーのできるオソルノ活火山（図2.27）があります．我々の訪問中には他の客はいなかったのですが，デモをしたいとのことでアノラックを借用してリフト往復を楽しみました．その後，海岸地帯へ行き，クジラ，オットセイや多くの海鳥のいる島の見物（図2.28）に"小さな船"で出かけました．冷たい海ですので危険は承知でしたが，無事帰着した時にはホッとしました．

　この原稿の用意の後，2022年9月12日付TIME誌に，チリの新大統領36歳のガブリエル・ボーリックに関する記事が出ていました．興味ある新事実と思いますので概略を追加します．チリでは，我々の滞在中には気がつかなかったのですが，貧富の差が激しく不平等のため，最近暴動などで多数の死者を出すほどだったそうです．その後2021年の選挙で若い大統領が選ばれたのです．ボーリックは進歩的ですが，極端な左翼とは違い建設的で柔軟性のある方のようです．大統領館ではなく中産階級の街に住みノーネクタイのスタイルで近所の買い物に出かけ護衛は心配だそうですが，今までにない新しい指導者です．チリの憲法改正が大きな仕事ですが，今後世界が注目に値する若い世代の指導者と思います．

図2.29　チリの新大統領ガブリエル・ボーリック(36)
(Permission by Lugan Agusti, TIME vol. 200, No. 9 Sept 12, 2022)

　チリ訪問で思い出すのは，1830年代英国のチャールズ・ダーウィン(1809〜1884)が3年間にわたる世界一周旅行中にチリを訪問し長期間滞在したことです．ダーウィンはバルパライソに上陸し，その後サンチャゴから内陸部を大旅行しネズミや植物などの採取をしています．ダーウィンは，その後ガラパゴス諸島を訪問しゾウガメを持ち帰ったのです．驚いたことに，このゾウガメは2006年（175歳）まで生きていたそうです．ダーウィンは"環境の変化に順応できる者だけが生き残る"という進化論を提唱し，『種の起源』を著作したことで知られています．

　初めてのチリ訪問は，我々にとって期待以上の素晴らしい経験でした．世界の他の国では得られない"チリにしかない経験"をしたという印象です．海鮮料理や，見たことのない自然や景色に加えて，チリの人々の温かさを感じました．

2.4 パナマの "光と影"

2021年4月初めにエジプトのスエズ運河の途中に巨大な輸送船が両岸壁間に座礁して運河通航を遮断し世界中の物資輸送に大きな問題を起こした事件がありました. このニュースを見たときに2018年にパナマ運河を訪問した時のことを思い出しました. 米国ヒューストンからパナマへの飛行機の中でパナマ紹介の記事を眺めていたのですが, パナマの首都パナマシティーには3,500の高層建築があるとのことにびっくりしていました. 実際我々の宿泊したホテルも高層建築で60階の部屋からの眺望は昼も夜も素晴らしい景色（図2.30）でした. しかし何故こんなに多くの高層建築があるのか不思議でした. パナマの観光は熱帯地域の自然や中南米の歴史がありますが, パナマ運河の歴史と巨大な輸送船の運河の通航を眺めるのは感激です. パナマ運河の建設は始めフランスが引き受けたのですが, 熱帯地方のマラリアなどの病気のため多くの方が死亡して工事は中断し, 現在フランス人墓地が残っています. その後アメリカが引き受け運河を完成させたため長い間米国の管理下にあったのですが, 1999年にパナマに完全返還されたのです. パナマ運河の見どころはミラフローレスにある関門の船の通過

（図2.31）です. ここでは太平洋と大西洋の水位の違いを調節するためゆっくりと巨大な船が狭い水路を移動します. パナマ運河は距離80キロですが船は8時間かけて移動します. 1日には平均40艘が通過しますが, 通行料はいくらだと思いますか？ 驚いたことに平均25億円だそうです！ そこでパナマ運河の通行料は日に1,000億円にもなります. この大きな収入がパナマの貴重な財源でパナマシティーでは急速に多くの高層建築の建設が可能だったのです.

パナマ市に多数の高層ビルのあることは明らかでしたが, 旅行中には「シカゴにも3,500の高層ビルがあるだろうか？」との疑問を禁じえませんでした. 私はシカゴ郊外に住んでいますので, シカゴに戻ってからシカゴ市内の高層ビルを眺めに行きました. そこで気がついたのはシカゴにも多数の高層ビルがありビルを数えることは不可能でしたが, パナマとシカゴでは大きく異なることがわかりました. パナマはほとんどが実用的なアパートと思いましたが, シカゴダウンタウンの高層ビルは100年以上前に建設されたものもあり装飾などがとても立派で優雅なビルが多いと感じました. パナマ滞在中には熱帯ジャングルへバードウォッ

図2.30 パナマ市のホテルからの眺望

図2.31　パナマ運河を通過する巨大タンカー

図2.32　パナマ漁港

図2.33　パナマ料理

チングにも出かけ，パナマ漁港（図2.32）や市内の
レストラン（図2.33）での食事は素晴らしいもので
した．しかし市内の一部には「観光客は行くな」と言
われる貧民窟の危険地域もありました．パナマ市は太
平洋側ですが，パナマ運河の反対側のカリブ海に接近
するパナマ第2の都市コローンまでバスで出かけまし
た．コローンは香港に次ぐ世界第2の規模の自由貿易
港で巨大な免税問屋街があり中南米各地から商店主が
買い付けに来ると言われています．バスの停留所から
問屋街までタクシーで向かったのですが，あいにく当
日は休みだったため，その足で途中見かけたマクドナ
ルド・ハンバーガー店へ行ってもらいました．その理
由は，バス終点近所は貧民街で囲まれ近くを歩く気が
しなかったからです．付近の建物は崩れかかってお
り，窓やドアのない家が連なっているのです．歩いて
いる人は親指と踵の見えるズックをはいているし，服
装はボロボロの感じでした．妻と私は危険を感じずに
はいられませんでした．そこでマクドナルドに到着し
一安心，ハンバーガーを食べた後，勇気を奮ってバス
停まで1キロ程歩きましたが，バス停に到着，バスに
乗った時には本当に嬉しかったです．

2.5 ペルー・インカのマチュピチュ遺跡

ペルーにあるインカ族のミステリーに包まれたマチュピチュ遺跡は，世界遺産の中で最も人気のある遺跡と考えられています．インカ帝国は1550年ごろに人口200万人以上を擁し南米で最も繁栄し広大な領域を支配していましたが，僅か数百人のスペイン人兵士に90%もの住民やインカの王様が殺され征服されてしまったのです．インカの人々は「夜は戦争しない」ので，あっという間にスペイン人に征服されたので

す．現在ペルーの人口3,000万人の45%は先住民で，37%は先住民とスペイン人との混血です．ペルーはスペインの植民地として苦しい時代を過ごしますが，1821年にペルー共和国として独立しました．現在の首都は海岸沿いのリマですが，旧市街アルマス広場にはペルー政府（図2.34）があります．インカの首都はリマから飛行機で約2時間の標高3,500mの山岳地帯のクスコ（図2.35）です．クスコの近くにはマチュ

図2.34 リマのペルー政庁

図2.35 インカの首都クスコの町

図2.36 オリヤンタイタンボ遺跡

図2.37　インカ工芸品の行商

図2.38　インカの12角の礎石

図2.39　マチュピチュ遺跡

ピチュを始めオリヤンタイタンポ遺跡（図2.36, 2.37）など多くのインカ遺跡が集まっていますが，かなり広範囲に分散しています．これらを訪問見学するには数日間タクシーを雇う必要があります．クスコにあったインカの建物は全てスペイン人によって破壊されたのですが，礎石の部分（図2.38）はそのまま利用されています．礎石の組み合わせ部分は極めて精密でカミソリの刃が入らないほどと言われています．有名なマチュピチュ（図2.39）はタクシー，特別観光列車，マイクロバスを乗り継ぎ数時間かけて到着できます．

マチュピチュは有名なインディアナ・ジョーンズが1911年草に覆われた段々畑をよじ登り遺跡を発見したと言われています．インカ帝国の滅亡から400年後にマチュピチュは長い眠りから覚めたのです．ここには，当時王様一家と約1,000人が住んでいたそうですが，突然消え去ったなぞは未だにわかっていません．その理由はインカには文字がなかったからです．文字がなくては複雑な出来事を記録することができませんので，歴史の詳細はわからないと思います．インカだけでなく南北アメリカの先住民の歴史はほとんどわ

図2.40　パジェスタ島と上空に群がる無数の海鳥，ペンギンやオタリアなどの海洋動物：遠方のなだらかな丘陵地帯には黒山に見えるほどの無数の海鳥と動物

写真2.41　パジェスタ島への訪問途中に本土の半島に見られる地上絵カンデラブロ（燭台）

かっていないのは，この地域では文字が発明されなかったからだと思います．一方，古代エジプトやメソポタミヤでは早くから象形文字やクサビ形文字が発達していたために詳しい歴史がわかっているのです．リマから約200キロ南方のナスカには有名な地上絵があります．これは1939年に発見・認識されたのですが，飛行機からの観測では，残念ながらじっくり認識・観測するのが困難です．ナスカの地上絵を見るために，リマからバスを利用してピスコ飛行場の近くのパラカスと言う小さな町に滞在しましたが，ここは素晴らしいリゾート地でした．ここからは高速艇に乗って約50キロ離れた無人島のパジェスタ島を訪問することができます．荒波に削られたパジェスタ島（図2.40）はかなり大きな島ですが，無数のオタリア（アシカの仲間）ペンギン，海鳥が生息しており，島肌がほとんど見えないほどで一見の価値があります．パジェスタ

島訪問はナスカ訪問よりも，素晴らしい経験と感じました．このような野生動物の生息する島は，南アフリカの動物達の島よりもはるかに規模が大きく世界でも稀だと思います．パジェスタ島を訪問する途中のペルー本土の半島にナスカの地上絵に似たカンデラブロ（燭台）と呼ばれる地上絵（図2.41）があります．これは全長189m，幅70m，線の幅4m，深さ1mですが，塩分を含む強い霧のために，長年にわたって構造が保持されているそうです．なお，ペルーには，多くの海岸地帯にこのような地上絵が残っています．ナスカ地上絵の飛行機による見学は期待外れでしたが，パラカス滞在は驚くほど素晴らしい経験でした．ペルーで驚くほどおいしい食べ物はイビツな形の小さなポテトとトウモロコシの巨大な実（ソラマメほどの大きさ）です．これを食べるためにペルーを再び訪問する価値があると思っています．

3. ヨーロッパ

3.1 アイルランド・ダブリンのテンプル・バー

シカゴ大学放射線科医にはアイリッシュと呼ばれるアイルランド出身者が数人いて優れた人達なので是非アイルランドを訪問したいと考えていましたが，2016年に実現しました．アイルランドは北海道ほどの面積で人口500万人ほどの小さな国ですが，米国ではその存在感は大きいと思います．首都ダブリンの歓楽街テンプル・バーと呼ばれる地域の小さなホテルを予約し，タクシーでその住所に行ったのですが，それらしい建物がないのです．タクシーを降りてその住所のバーに立ち入り問い合わせると，そこが正しい住所で，1階はバー，2階はレストラン，3階はホテル（図3.1）でした．この一角では午前4時まで飲み明かし大声で歌

図3.1　テンプルバーのホテル

図3.2　陽気に飲み明かす人々

図3.3　美しい海岸線

図3.4　六角柱構造の海岸の石

い踊り燥ぐ様子が見られ（図3.2），は新宿の歌舞伎町よりも人々は平和を楽しんでいるようでした．初めて会った他人にも旧知の友人のように話しかけるのには

とても驚きました．このような場所を私は世界中でほかに見たことがありません．

　アイルランドは小さな国ですので，美しい海岸線

図3.5　放牧されている動物達

図3.6　トリニティカレッジの図書館

（図3.3）や珍しい六角柱構造の石林（図3.4）などを日帰り旅行で訪れることができます．大きな山はなくほとんどは牧草地で，多数の牛（図3.5）と羊が目につきました．牛の数は人口の5倍と聞きましたので，アイルランドはとても豊かな国だと思います．

アイルランドの主食はジャガイモだったのですが，1845〜52年の大飢饉で100万人死亡したのです．そのため当時100万人が海外に移住したそうです．現在米国のアイルランド系住民は3,200万人（米国9.7%）です．この数字は驚くほど大きいと思います．例え

ば，イギリス系住民はたったの200万人(0.6%)です．しかし，ドイツ系住民は4,400万人(13%)，黒人13%，アジア系5.6%で，ドイツ人も米国に大量に移民したことが想像できます．

日帰りバスツアーでは運転手がガイド役で，北アイルランドのベルファーストへの旅では，イギリスが北アイルランドの住民をいかに迫害し非道を繰り返していたかを詳しく説明してくれました．ダブリンでは有名なトリニティカレッジの図書館（図3.6）の見学やギネスの本拠地工場見学でビールを楽しみました．

3.2 大英帝国から続くイギリス

イギリスは大英帝国と呼ばれ，ヨーロッパ最強の国を誇っていました．しかし，現在の英国の領土面積は日本の約2/3で，人口は約6,000万人です．植民地時代から拡大を続けていたイギリスは，アメリカの独立ごろから急速に民主化の考えを取り入れ，植民地政策に大きな変化をもたらします．その結果，植民地は独立し，現在イギリス連邦諸国として名を連ねています．米国東海岸から英国には約6時間，高速飛行機コンコルドの時代には約3時間で到着できましたので，日本と比べると往復がかなり容易です．シカゴからは往復2〜4日程度の英国訪問が可能です．ロンドンには，世界遺産を含めて歴史上貴重な宮殿，博物館，美術館，劇場，庭園などが数えきれないほどあり，世界最大の街で，更に世界金融市場の中心です．

ロンドン・ブリッジ（図3.7）は1849年にテームズ川に建造された跳ね橋ですが，大きな船の航行に現在も利用されています．テームズ川沿いに英国国会議事堂（図3.8）と有名なビッグ・ベンと呼ばれる大きな時計があります．

ロンドン塔（図3.9）は，1066年に即位したウィリアム征服王が建設した要塞で，長い歴史を通じて暗いイメージが残っています．5人の王妃を含む多くの遺臣が処刑され，米国で著名なNational Geographic誌によると，近年首のない多数の遺体が塔内で発掘されています．塔内にはヴィクトリア女王のダイヤモンドの王冠や世界最大530カラットのダイヤモンド「偉大なアフリカの星」が展示されています．人気者はビーフ・イーターと呼ばれる赤と金色の極端に派手な衣装の衛兵ですが，彼らは王様の食事の試食をしていたのです．冷酷な王様に対して王命を狙う勢力も強力だったと想像されます．過激な時代の遺産として今も残っていますが，現在は観光客の写真撮影の対象です．

図3.7 ロンドンのテームズ川の船舶とロンドン・ブリッジおよび街の風景

図3.8 テームズ川横の英国国会議事堂とビッグ・ベンと呼ばれる時計

図3.9　ビーフ・イーターで有名なロンドン塔

図3.10　ウェストミンスター寺院と英国女王の車

図3.11 大英博物館 (British Museum)

図3.12 アッシリアの像

図3.13 ギリシャ彫刻

　ウェストミンスター寺院（図3.10）はチャールズ王子とダイアナ王妃の英国王室の結婚式が行われた場所で，地下には英国皇室やニュートンやダーウィン等の著名人の墓があります．我々が訪問した2003年にはバーガンディー色のロールス・ロイス（ライセンス・プレートなし）が停車していましたが，これはエリザベス女王の車で英国訪問中のロシアのプーティン大統領を案内していたそうです．英国国王の公式住居の

バッキンガム宮殿では見事な衛兵交代式に人気があり，限定された期間だけ内部見学が可能です．英国首相の官邸住所は10 Downing Streetが有名で，バッキンガム宮殿とは公園で繋がっており約1キロの距離です．

　ロンドンには多数の博物館や美術館がありますが，世界的に有名なのは大英博物館（British Museum）（図3.11）です．ここには日本や中国からの古美術収集品

図3.14　トラファルガー広場

図3.15　レ・ミゼラブル上演中のパレス・シアター

図3.16　ロンドンのパブ

図3.17　テームズ川南側の超現代的建物

も展示されています．特に有名なのはロゼッタ・ストーンで，エジプトの象形文字，ギリシャ文字，クサビ形文字など3種類の記録があり，これを基に象形文字を解読することができるようになった重要な文書です．見事なアッシリアの像（図3.12）や美しいギリシャ彫刻（図3.13）もあります．最近，バーチャル・インターネットで博物館の一部を閲覧できるようになっています．

　ロンドンを代表する広場は，ネルソン将軍の像が建つトラファルガー広場（図3.14）です．バスや地下鉄駅の集まる観光に便利な場所で，この隣にはピカデリー・サーカスと呼ばれる有名な広場もあります．この辺りは有名商店街やレストランがあり絶えず混雑しています．この近くには著名なボンド・ストリートがあり，ウェストベリという素敵なホテルに宿泊したことがあります．この近くの「セビロウ道路（Savile Row）」に高級紳士服店街があり，日本語の紳士服を「背広」と呼ぶのは多分この道路の名前に由来すると思われます．

　ロンドンには多数のミュージカル・シアターや小劇場もあります．パレス・シアター（図3.15）はレ・

ミゼラブル上演7,602回のロングラン記録で有名です．上演中は，ヨーロッパ各地でこの広告（建物正面）を目にしました．

　イギリス各地とロンドンには，気軽に立ち寄れる小綺麗なパブ（図3.16）が多数あります．イギリス人は仕事の後，家庭での食事前に仲間と一杯やる習慣があります．パブはそのため発達したと想像できます．それは日本の居酒屋やバーとは大きく異なります．シャーロック・ホームズというパブは，注目される名前ですが他のパブと変わりありませんでした．

　テームズ川の南側は住宅街と言われていますが，超近代的なビル（図3.17）が多数あり，中世からの歴史的な構造物と対象的な印象です．

　ロンドンから少し離れたオックスフォード大学（図3.18，3.19）で，2003年にICRUの会議が開催されました．この時期は夏休みだったので，会議参加者は学生の宿舎を利用しましたが，驚くほど素晴らしい経験でした．大学にはホテル学科があり学生達がすべての食事や宿泊の世話をしてくれたのです．食事はビュッフェ・スタイルでしたが，イギリスの食事に対する考え方が，後述のように変わったと思います．会議の間

図3.18　オックスフォード大学キャンパス建物

図3.19　英国風イングリッシュパブ

図3.20　オックスフォード・ゴルフコースと小雨にかすむオックスフォード大学の街

にはゴルフを楽しみ，生憎小雨でしたが，結局その天候のお陰で気分爽快にゴルフを楽しむことができました．ゴルフコースからは雨にかすんだオックスフォード大学キャンパス（図3.20）を眺めることができ，レンタル・クラブのウッドは木製で本場のゴルフを経験した感じでした．

　オックスフォード大学には，カレッジと呼ばれる約40の中庭を含んだ立派な校舎があり，ニュー・カレッジと呼ばれる最新の建物は1379年創設です．イギリスではこの時代から人材育成を重要視していたことが明らかで，それが現在までの基盤になっていると思われます．当時の学科目は現在と比べると極めて限られていたと想像できます．しかし，そこから数百年の間に膨大な学問体系を作り上げたのだと思います．その後，日本を含めた世界の学問は急速に進歩し英国を追い上げています．

　約30年前，TIME（米国の週刊誌）に「料理革命」という記事が掲載されました．当時はほとんど注目されなかったと思います．現在この記事を覚えている方は少ないと思いますが，イギリスの物理学者エルヴェ・ティスとフランス三ツ星シェフ・ピエール・ガニエール（『料理革命』2008/3/1発行，日本語翻訳本，中央公論新社）が一緒に始めたものです．その頃シカゴの日本料理屋で，材料は以前と同じですが，今までと異なる料理にビックリしたことがあります．その後，大きな脚光を浴びることはありませんでしたが，最近United Airlinesの食事に驚きました．食材は目新しくはないのですが，味が新鮮でとても美味しいのです．もしかしたら，人類の文化の中で生活と密接に関係する料理革命がようやく実現するかもしれません．最近シカゴで気がついたのは納豆とおせんべいが美味しくなったことです．醤油などの改善が影響していると推測していますが，料理革命は始まったばかりで今後注目していく価値があると思います．

3.3　ローマ時代から足跡を保つイタリア

　イタリアはローマ時代から続く国で，巨大な遺跡と驚くほどの文化遺産があります．イタリアの面積は日本の約80％で，人口は約6,000万人です．ローマ最大の建造物はコロセウム（図3.21，3.22）です．この施設は，動物によるキリスト教徒迫害や格闘技を行った場所で，巨大な構造物が現在も残っているのは驚きです．30年前と比べると，かなり修復が進んでいます．コロセウム（図3.21）の右側には，ローマ時代の街

図3.21　コロセウム（左），フォロ・ロマーノの一部（右手前）およびローマ市東部と郊外の山（後方）：中央右の背の高い塔は映画「ローマの休日」に登場する石の彫刻"真実の口"のあるサンタ・マリア・コスメディン教会

図3.22　コロセウムの内部：地下部分は動物檻

図3.23　古代ローマの民主政治の中心フォロ・ロマーノ遺跡

図3.24　ローマのランドマーク，ヴィットリアーノ

図3.25　ローマ北部の街（右上端はスペイン広場の教会）

の中心部の遺跡フォロ・ロマーノ（図3.23）が保存されています．これらの遺跡やローマの街を眺めるには，ローマのランドマークと言われるヴィットリアーノ（図3.24）からの眺望（図3.21, 3.23, 3.25）が素晴らしいです．イタリアは日本と同様に多数の小国に分かれていました．この巨大な大理石の建造物（図3.24）は19世紀にイタリア統一の実現を記念して建設された記念碑です．

　ローマの南には，カラカラ浴場跡が残っています．内部の部屋や浴場の構造はほとんど破壊されているため詳細はわかりませんが，若干の遺品と壁画が認識できます．ローマの郊外には，アッピア旧街道と呼ばれるローマ時代からの石の埋まった軍用道路があり，両側には大きな樹木が生えており，規模の大きさと，さらに現在も残っているという事実には驚きますが，2000年前ローマ兵士達の歩んだ道路と思うと歴史を

感じさせます．

　ローマの西北には，イタリアから独立したヴァチカン市国があります．その中心は，サン・ピエトロ大聖堂（図3.26）と宮殿前広場（図3.27）です．クリスマスなどに，ローマ法王が大聴衆と全世界のキリスト教徒を祝福することで知られています．日本ではミロのビーナスが有名ですが，巨大なヴァチカン宮殿博物館には，"欧米では最も美しいと言われる"彫刻ピエタ（マリアの膝に横たわるキリスト）や他の彫刻があります．この見事なピエタが日本ではほとんど知られていないのは不思議な感じがします．さらに多くの素晴らしい絵画があるのですが，油絵ではなく，すべてモザイクでできていることには本当に驚かされます．これは別世界の絵画として強烈な印象で，想像を絶するものでした．

　ローマを世界的に有名にしたのは，ハリウッド映画

図3.26　ヴァチカンのサン・ピエトロ大聖堂

図3.27　ヴァチカン宮殿前広場

図3.28　スペイン広場とトリニタ・ディ・モンティ教会

図3.29　1762年完成のトレヴィの泉

「ローマの休日」（1954年，主演オードリー・ヘップバーンとグレゴリー・ペック）だと思います．ヨーロッパのある国の王女が宮殿を抜け出し，アメリカの新聞記者とのローマでの冒険とロマンスの物語です

が，映画史上最高の素晴らしい傑作だと思います．二人の冒険は最初スペイン広場（図3.28）から始まり，トレヴィの泉（図3.29）などローマの20ヵ所以上の名所旧跡をまわる観光を含んでいます．最後のコロン

図3.30 フィレンツェのドゥオーモと洗礼堂

図3.31 ミケランジェロのダヴィデ像

図3.32 ヴェッキオ橋の貴金属商店街（ウッフィツィ美術館3階から撮影）

図3.33 ランツィのロッジアの屋外彫刻（風変りな"笑う"ライオン）

ナ宮（美術館）でのお別れは忘れられないシーンでした．現在DVDを入手できますが，ローマ訪問前には必見の価値があります．

　スペイン広場の界隈にはスタンダール，バルザック，ワグナーやリストなどの文豪や音楽家達が住んでいたそうで，階段の下には小綺麗な噴水があります．ローマにはたくさんの美しい噴水がありますが，ここから約500m南にある有名なトレヴィの泉は "後ろ向きにコインを投げ入れると再びローマを訪れることができる" という言い伝えがあり，観光客が多いため写真撮影が困難なほどです．

　フィレンツェ（フローレンス）は美の都ともいわれ，ルネッサンス（文芸復興）の中心で，多くの美術工芸品や建造物があり著名な芸術家たちが活躍しました．この街の特徴ある建造物は，花の聖母教会ドゥオーモ・カテドラルと洗礼堂（図3.30）です．フィレンツェの中心はシニョーリア広場で，ミケランジェロの有名なダヴィデ像（図3.31）があります．絶対見逃すことができないと言われるウッフィツィ美術館には，レオナルド・ダ・ヴィンチ，ミケランジェロ，ボッティチェリの「春」等多数の名画作品が展示されています．この美術館の3階の窓から眺められるヴェッキオ橋の貴金属商店（図3.32）は，世界でも珍しい橋の上の高級店街です．フィレンツェのシンボルはライオンですが，ランツィのロッジアと呼ばれる屋外彫刻ギャラリーにはユーモアを感じる "笑う" ライオン（図3.33）があります．世界中に多数のライオン彫刻がありますが，このようなライオンは極めて珍しいと思います．フィレンツェ郊外の丘陵地域には，高い塀で囲まれた王侯貴族の素晴らしい広大な屋敷が残っており，2007年にはICRUの会議に利用されました．イタリアには，このように一般公開されていない素晴らしい施設が多数あると推測できます．

　ピサは斜塔とドゥオーモ聖堂（図3.34）で有名です．

図3.34　ピサの斜塔とドゥオーモ聖堂

図3.35　ベネツィアのサン・マルコ広場（満月の冬の夜）

図3.36　イタリアの海鮮料理

1590年頃，この斜塔から重量の異なる物体を落下させ，落下スピードは質量によらないことを証明したのは近代科学の父と呼ばれるガリレオ・ガリレイです．さらにガリレオは望遠鏡も発明しています．1990年代にピサ大学物理学科で私の行った「コンピュータ支援診断の開発」についての講演では"ガリレオの実験の行われたピサ大学で講演できることは大変名誉に感じます"と始めたのです．その後，2012年には国際会議CARSがピサで開催され，家族で訪問し，前回と同じレストランで海鮮料理を堪能しました．

ヴェネツィア（ベニス）は，世界で唯一の水の都として知られています．家屋と石の道路や橋は徒歩で利用できますが，町の大部分は海水面下ですので，多くの市内交通はゴンドラやモーターボートを利用します．ゴンドラでの市内観光は，他では経験できない素晴らしいものです．ヴェネツィアの中心は，サン・マルコ寺院前の広場（図3.35）です．最近この広場は水位の高い満潮時には水浸しになるそうです．

この街では，アドリア海からの新鮮な海鮮料理（図3.36）が豊富です．アメリカでは，和食を含んだ諸外国料理に人気がありますが，最も多い外国レストランは，ピザやパスタと海鮮料理や肉料理も含んだイタリア料理店です．米国のイタリア料理は，カフェテリアから高級レストランまでかなりの幅があります．この状況は，イタリアにおいてもほぼ同様だと感じます．しかし，米国の日本料理は，残念ながら日本のものとは比較にならないと思います．

参考映画「ローマの休日」1953年
　王妃と新聞記者のローマ一周の恋物語
主演：オードリー・ヘップバーン，グレゴリー・ペック，映画史上の最高傑作

3.4 民主主義発祥のギリシャ

シカゴ大学放射線科では，ギリシャ出身の放射線科医と頭部血管造影のステレオ撮影技術の共同開発研究に関係していました．そのつながりで30年程前にギリシャを訪問したことがありましたが，今回は家族同伴のギリシャ訪問でした．ギリシャは世界史の中でも極めてユニークな過去を持っていますが，そのことをよく知っている方はそう多くはありません．まずギリシャの歴史はエジプトに続く時代から始まっています．しかし，現代社会にも影響を与えているギリシャの民主主義などの歴史は紀元前12世紀頃から始まり，紀元前3世紀頃のアテネでは，ソクラテス，プラトン，アリストテレスなどの哲学者や芸術家達によって後世に残る作品が制作されています．しかし紀元前1世紀頃にはローマ帝国の領地になり，その後1830年代に独立するまで約2000年もの間，他国の支配する

地域だったのです．このような歴史を眺めると，人間と人間社会の独立性は極めて強く異民族支配は長期的には実現しないと思われます．

ギリシャの世界遺産と歴史は国中に分散していますが，多くはアテネの周辺に位置しています．ギリシャの面積は日本の約3分の1で，山と島が多く，島の数は3,300，人の住む島は約200，人口は約1,100万人です．ギリシャ訪問の後，シカゴ郊外の近所の"行きつけ"のホットドッグ屋を訪ねましたが，その店の主人は私の着ているギリシャからのTシャツを見て，「私はギリシャ人だ．貴方はどの島に行った？　良かったか？」と質問攻めにあいました．そこで彼はギリシャ人であることがわかったのですが，ギリシャの素晴らしさは，小さな島々にあることを知りました．30年前にもアテネから島めぐりのツアーに参加したのです

図3.37　復元中のパルテノン神殿

図3.38　ギリシャのパルテノン神殿と壮大な基礎土台部分

図3.39　アクロポリスに残存する構造物の一部

図3.40　パルテノン神殿から眺めるイロド・アディコス音楽堂，円形劇場とアテネ市内

が，一日中舳先で潮風にあたっていたのに，夕方には"さらり"とした皮膚の様子から，地中海では塩分濃度が極めて低いのだとわかりました．日本近海では，塩分濃度がかなり高く日焼けした皮膚の上に塩が残っているのを経験しています．

　アテネにあるギリシャ全盛期の古代遺跡のハイライトはアクロポリス遺跡のパルテノン神殿（図3.37〜3.39）です．この神殿は，横31m，縦70m，柱の高さ10mで15年の歳月を費やし紀元前432年に完成した大理石の建造物ですが，度重なる戦争や地震のため酷く傷んでいます．しかし，当時をしのぶことはできます．この遺跡は復元中ですが，30年前とあまり変わらないようなので，完成にはかなり長時間を要すると思います．

　パルテノン神殿の美しさの秘密は，建築設計にあると言われています．この神殿は，直線と平面の組み合わせではなく，曲線と曲面の組み合わせでできていま

す．ドリア式と呼ばれる列柱は上部は細く柱の中間には膨らみがあり，屋根を支えるために柱は内側に少し傾いています．図3.38のパルテノン神殿の全景を眺めると神殿の築かれた巨大な基礎土台が補強も含めてしっかりと見事に構築されているのがわかります．この基礎を作り上げるのにも相当の年数を要したことが想像できます．

　アクロポリス遺跡には，パルテノン神殿以外にも数々の神殿や劇場があります（図3.40，3.41）．イロド・アディコス音楽堂（図3.40）は，夏の間にコンサート，オペラ，ギリシャ古典劇などが上演されます．

　ギリシャの多数の遺跡から出土した多くの美術品は，ギリシャ国立美術館に展示されています．有名なのは，馬に乗る少年の銅像（図3.42）やアフロディテとパン（牧羊神）の像（図3.43）です．これらの美しく見事な彫刻や多数の美術工芸品が2000年以上

図3.41　アテネ市内とディオニソス円形劇場（古代アテネの劇場：1万5千人収容）

図3.42　アテネの国立美術館の古代ギリシャ彫刻：馬に乗る少年のブロンズ像，1928年アルテミシオンの海底で発見

も前に制作されたのには本当に驚きです．しかもほぼ完ぺきに保存されています．しかし，フランスのルーブル美術館に展示されている世界的に有名なミロのビーナス像は両腕の部分が壊されています．ギリシャ文明の素晴らしい彫刻や出土品を見るにはギリシャを訪問する必要があります．ルーブル美術館や他の美術館に展示されているギリシャ彫刻などは，ギリシャにあるほぼ無傷な彫刻とは比較にならないほど無残に破壊されていて，レベルの異なる美術品に思えます．

アテネから西へ約85kmの位置にあるコリントス運河を境にして広がる巨大なペロポネソス半島はギリシャ古代文明の故郷です．ペロポネソス半島には，紀

元前13世紀に生まれたミケーネ文明があり，トロイ戦争の英雄アガメムノンが眠ることでよく知られています．オリンピック発生の地オリンピア，アテネに対抗する他の都市国家スパルタなどきらびやかな過去を誇る場所が多数あります．

ギリシャの西側のイタリア側の海からアテネに物資を運ぶには，巨大なペロポネソス半島を迂回して航海することが必要です．しかしこの航海には何日もかかったと思いますので，古代人は船を陸上にあげ人力でアテネ側の海まで担いでいったそうです．これは大変な努力と思います．そこで現在はコリントス運河ができているのです．コリントス運河（図3.44）は，

図3.43　アテネの国立美術館の古代ギリシャ彫刻：アフロディテとパン（牧羊神）の像，1904年ミロス島で出土

図3.44　コリントス運河「高さ80m，幅23m，長さ6,343m」

幅23m，高さ80m，長さ6,343mで，これを初めて見た方はアッと息をのむような衝撃にかられます．このように巨大な運河を人類が作り出せることは大変な驚きです．

　ミケーネ遺跡は，ドイツの考古学者ハインリッヒ・シュリーマンによって発掘され，それまで神話の世界と考えられていた出来事が，歴史的事実であることを証明したのです．紀元前16世紀頃バルカン半島を南下してクレタ文明を引き継ぎ独自の文化を作り上げたのがミケーネ文明で，王は堅固な城壁に囲まれた宮殿に住み農業や牧畜を中心にして貿易活動も行っていたようです．ミケーネ時代の最盛期は，紀元前14世紀

図3.45　紀元前13世紀ミケーネ文明やトロイ戦争の英雄アガメムノンの眠る古代ギリシャ都市ミケーネ
　　　　（右下）アガメムノンの黄金のマスク

図3.46　エピダヴロスの古代ギリシャ円形劇場

頃で東はシリア，西はシチリア島と貿易を行っていた
そうです．ミケーネの城塞（図3.45）は丘の上に建
てられ，まさにアクロポリスの原型と言えるものだっ
たそうです．なだらかな坂道を登ってゆくとミケーネ
の象徴の獅子の門が見えてきます．その後，円形墓
地，王宮（宮殿），貯水池などがあります．ギリシャ
神話によれば，ゼウスとダナエの息子ペルセウスがミ
ケーネを造りその地を治めた後，ミケーネの王アガメ
ムノン（図3.45，有名な黄金のマスク）はギリシャ軍
の総指揮官としてトロイ戦争に出陣します．その後戦
争には勝利したのですが，トロイの王女を愛人として
連れて帰国したために，「妻が夫を殺し，子が母親を
殺す」近親殺人の伝説を含むミケーネの悲劇として知

られているのです．

　ギリシャでは，夏の間ほとんど雨が降らないので屋
外劇場が利用でき，古代から屋根のない屋外劇場が用
いられています．ミケーネの近くのエピダヴロスの古
代劇場（図3.46）は，ギリシャに残る古代劇場の中
で最も保存状態が良くほぼ原形をとどめています．観
客席は丘の斜面を利用して作られており，上階席から
も舞台でのささやきが聞こえるほどの音響効果を持
ち，どの席からもはっきりと舞台を見渡すことができ
ます．観光客のあいだでは，舞台中央でマッチを擦る
音はどの席でも聞こえるとのデモが盛んで，多数の燃
えかすマッチが散らばっています．

3.5 スイスの見事な山岳

世界中の多くの地域には，世界最高の高さを誇る山岳があります．しかし，ほとんどの高い山々は多くの方が登山したり，山頂近くを訪れ素晴らしい眺望を楽しんだりすることは不可能です．スイスの高い山岳は例外で，公共の乗り物を利用して多くの著名な山岳の頂上近くまで訪問することができます．これを可能にしたのは，100年以上前から始まったスイスの方々の"驚くほどの長期的な優れた"視野のお陰と思います．

私は山登りや山の景色が好きなので，スイスの素晴らしい山岳を訪問したいと考えていました．特に学生時代に，東京工業大学の井沢計介教授の講義の中で紹介されたマッターホルン初登頂に関する「アルプス登頂紀」（岩波書店から翻訳本あり）の強烈な印象は50年以上経過した現在も強く残っています．1865年英国人エドワード・ウィンパー達7名によるマッターホルン初登頂とその直後の下山途中にザイルの不慮の切断による4名の滑落の大悲劇はよく知られています．学生時代に読んだこの悲劇の物語はずっと私の心の中に潜んでいましたが，マッターホルンに行ってみたい強い願望は決して忘れることはありませんでした．2010年6月末にスイスのジュネーブで国際会議CARSが開催されたので，会議の後休暇を取って家族と共にモンブラン，マッターホルンとユングフラウを訪問することにしたのです．スイスは人口750万人，面積は九州よりやや小さく鉄道が発達しているので，列車やバスによる移動はとても容易で便利です．ホテルやレストランの規模は比較的こじんまりしていますが，とても立派で素敵です．小さなホテルには，素晴らしい個人の邸宅を利用したと思われる優雅な建物もあり，ホテルはインターネットで容易に予約でき，電車などの切符や入場券は現地で購入できます．

ヨーロッパで一番高い山は標高4,807mのモンブランです．ジュネーブからバスで1時間ほどの距離にシャモニーの街（1,036m）があり，そこからゴンドラ（図3.47）を2回乗り換えて3,842mにあるエギーユ・デュ・ミディの展望台（図3.48）まで行くことができます．ここは平地と比べて酸素の量が極めて少なく"めまい"を感じ歩行困難の場合があるので，展望台に到着したらコーヒーやココアなどを飲んで高度調節をしてから，ゆっくり展望台を見学することが必要です．展望台からは，モンブランへ登山する人達や下山する方々が近くに見えますが，遠くにマッターホルンや雪をかぶった高い山々なども眺めることができます．眼下にはケーブルカー出発地のシャモニーの街（図3.49）が驚くほど小さく見えますし，周りの比較的低い山の頂は真夏でも雪のあることがわかります．モンブランの初登頂は，1786年に猟師パルマーと医師パカール（シャモニーには二人の銅像があります）によって実現したのですが，それ以後スイスの山々は次々に征服され，次に述べる1865年のマッターホルン初登頂で黄金期は終わったと言われています．

有名なマッターホルン（4,478m）は見事な4角錐

図3.47 アルプス最高峰（4,807m）のモンブラン（1786年初登頂）へはシャモニー（1,036m）からゴンドラを2回乗り換えエギーユ・デュ・ミディ（3,842m）に到着

図3.48　モンブラン登山口のエギーユ・デュ・ミディには岩と氷の間にレストランがあり，コーヒーで一服し下界との高度（酸素）差調節必要．遠方の雪渓に下山中の2グループが見える．

図3.49　エギーユ・デュ・ミディ（3,842m）から眺めるシャモニー（1,035m）の街

状の岩山（図3.50）で知られていますが，この形状の岩でできた山は3方向の異なる氷河の浸食でできたと考えられています．世界中に似たような山が存在しないことからそのような氷河の浸食は珍しいのかもしれません．スイスの高い山の登山は，モンブランから始まりほとんどの山は征服されたのですが，最後まで残っていたのはマッターホルンです．前述のエドワード・ウィンパーは，マッターホルン登頂を6回失敗し

たのですが，1865年の7回目には7名のチームで登頂を試み2日がかりで初登頂に成功します．しかし，下山の途中で一人が足を滑らしたのがきっかけで4人が滑落し，途端に踏ん張った3人との間のザイルが切れ，4人はそのまま氷河へと消えたのです．事故後，ウィンパーとガイド親子の責任が追及され査問委員会が開かれ，無罪となったのですが，世間の厳しい批判にあい生存者は苦しい生涯を送ったようです．マッ

図3.50　マッターホルン（4,478 m）麓のヘルンリ小屋（黒点状，中央）には300人収容可能

ツェルマットの街

図3.51　マッターホルン登山口の"小さく見える"ツェルマットの街（1,620m）

ターホルン登山出発地のツェルマット（図3.51）の街には亡くなった4人とウィンパーの墓があります．マッターホルンの図3.50の中央付近に見える黒点状の陰影は，ヘルンリ小屋で300人が宿泊できます．天気の良い日には300人もの方がマッターホルンの頂上を極めることができるそうです．ツェルマットのホテルで夕食を同席した70歳代のドイツ人はマッターホルン登山を3度も成功したと語っていました．
　マッターホルンを眺めるためにマッターホルン・グ

レーシャー・パラダイスまでケーブルカーで登ると，多くの方はスキーで下山し始めますが，ここからの眺望は実に素晴らしいです．ここはヨーロッパ最高地点（3,883m）の展望台です．マッターホルンは横から眺める感じで今までと比べると大きな感激はありませんが，フランスからオーストリアまで遮るものがない大パノラマを楽しむことができます．その反対側にはゴルナー氷河がありますが，その壮大な規模にはとても驚きます．その氷河の脇に点状にしか見えないのがゴ

図3.52　マッターホルン・グレーシャー・パラダイスから豆粒のように見えるゴルナーグラート展望台と周囲の山岳および手前のゴルナー氷河

図3.53　スイスアルプス最高地に位置するゴルナーグラート展望台（図3.52の豆粒）．マッターホルン，モンテローザ，ゴルナー氷河などの想像を絶する雄大な景観を眺めることができる．

ルナーグラート展望台（図3.52, 3.53）です．そこで同じ日の午後に，マッターホルンからツェルマットに戻り，別の登山電車でゴルナーグラート展望台を訪問しました．ここからの展望は，息をのむような巨大な風景でした．写真では実際に目で見た印象の数分の1程度しか表現できないと想像します．このような巨大な空間に巨大な山岳や氷河を見たことがありませんので，説明が困難と感じています．その印象の一部（図

3.54, 3.55）を示します．実際には，この写真の数倍の景色を想像してください．

　次はユングフラウ（4,158m）（図3.56）を訪問するためにインターラーケンに移動し宿泊します．ユングフラウヨッホ（3,454m）訪問にはクライネシャイデックからのユングフラウ鉄道による特別の山岳電車を利用します．この電車は1895年から16年の年月をかけてアイガー（3,970m），メンヒ（4,099m），ユングフ

図3.54　モンテローザ（4,634m）とゴルナー氷河：ゴルナーグラート展望台から左方向の眺望

シュバルツ氷河　　　ブライトホルン氷河

ゴルナー氷河

図3.55　ゴルナーグラート展望台から眺める正面方向の3つの氷河（左：シュバルツ氷河, 右：ブライトホルン氷河, 下：ゴルナー氷河）.
この写真の右外側方向には, マッターホルン・グレーシャー・パラダイス, テオドール氷河とマッターホルンが見られる.

ラウの岩山の中にトンネルを掘り, 多くの人が電車を利用することで1912年には素晴らしいスイスの山の頂上近くまで行くことができるようになったのです. このユングフラウ鉄道の途中のアイガー北壁には途中駅があり, ここから下界のクライネシャイデックの街（図3.57）を眺めることができます. ここ以後, 緑色の草原を見るのは帰路につくまで眺めることはできません. この途中駅からは遭難者を救助することもあり, ハリウッド映画にもなっています. スイスの電車や高山列車の料金は決して安くはありませんが, スイ

図3.56　ユングフラウ（4,158m）初登頂1811年

図3.57　ユングフラウ鉄道途中駅アイガーヴァント駅（2,865m）（アイガー北壁のど真ん中）から眺めるクライネシャイデックの街

スの人々の思慮深さには，驚くとともに敬意の念を抱かざるを得ないと思います．

　ユングフラウヨッホ駅は岩山の中にあるのですが，ここを出てから外を眺めると，周囲は途中駅の景色とは全く異なる雪原と氷河の世界に驚きます．ユングフラウヨッホ駅は，今までと反対側（あるいは裏側に相当）のユングフラウの裏斜面に出ていることに気がつきます．ユングフラウは右手に雪を被った頂上があ

り，登山する人達が見られます．目の前には，ヨーロッパ最長の巨大なアレッチ氷河（図3.58）が大きく広がっているのがわかります．この氷河は長さ23km，厚さ900mで，1年に180cm移動しています．この氷河の中に掘られたトンネルを通り抜けることができます．ここには1922年から観測を始めた天文台（図3.59）があり，展望台にもなっています．展望台の左側には，ユングフラウの山頂が見えます．アトラ

図3.58　ユングフラウヨッホから眺めるヨーロッパ最長（22km）のアレッチ氷河，氷厚900m，1年に180cm移動．氷河の中のトンネルを歩くことができる．

図3.59　ユングフラウヨッホにあるスフィンクス展望台（3,571m）．左側の山はユングフラウ（4,158m）の頂上．

クションとしては，短いスキーやスノーボードコースやガイドによる氷河トレックやメンヒ登山などを楽しむことができます．

3.6 異文化の共存繁栄するスペイン

スペインの研究者との共同研究や学位審査と国際会議などで，私はスペインを訪問するチャンスがあり若干の都市を知ることができました．しかし2000年以前にはデジカメ写真がなく訪問記を書くのは困難だったため，比較的最近の写真を基にこの記事を用意しました．

スペインは，日本の1.3倍の面積で人口は約4,400万人です．領土は17の領域に分かれており，それぞれは独立性が強く独自の言葉を持っています．私は主としてその3領域を頻繁に訪問するチャンスがありました．スペイン領土のイベリア半島はアフリカに極めて近く，イスラム支配が数世紀に及んだため，その影響を受けた独自の文化を持っています．

最近国際会議CARSが開催されたバルセローナでは，著名な建築家アントニオ・ガウディの傑作を楽しむことができます．有名なサグラダ・ファミリア聖堂（図3.60）は1882年に建設が始まり，まもなく完成すると言われています．建設費用の浄財を集めながらの長期的な大事業には驚きます．2008年には工事リフトで建設現場を見学し，2016年は多数の観光客でしたが，建設櫓に取り囲まれていました．

バルセローナにはカサ・ミラ（図3.61）やカサ・バトリョ（図3.62）など多数のガウディ設計の素晴らしい建物がありますが，驚くことにそれ以外の建築家による見事な建造物も多数あります．これは，当時優れた建築家達が互いに影響しあったからと思います．物理学の分野においても，アインシュタインやフェルミなどノーベル賞を受賞した同時期の著名な物理学者達はお互いに知り合いだったようです．これは大変興味ある歴史的な事実です．

その当時の素晴らしい建築物はかなり高価だったと思いますが，財源は南米諸国から得たと想像されます．スペインはインカ（現ペルー）を亡ぼし，インカの王様の命の代償として部屋いっぱいの黄金を要求したのです．当時，スペインの金はあまりに多く，ヨーロッパの金相場の暴落を起こしたほどだそうです．後述のサンチャゴ・デ・コンポステーラ旧市街の道路（や建物）はグラナイト（御影石）であるため，雨後の月明かりの夜はピカピカ光る様子が美しいと言われています．その時代のスペインは世界史の中で最も裕福な国だったと思われます．

サン・パウ病院（図3.63）は著名なドメネク・イ・

図3.60　ガウディの未完の傑作：サグラダ・ファミリア聖堂（2016年撮影）

図3.61　ガウディのカサ・ミラ

図3.62　ガウディのカサ・バトリョ

図3.63　ドメネク・イ・モンタネールによるサン・パウ病院の中庭風景

モンタネールの設計ですが，病院とは信じられない豪華な建築物です．病室や他の施設は地下にあり，地上には人影がなく病院ではなく宮殿のような感じがします．バルセローナの歴史地区には王の広場（図3.64）があります．コロンブスが新大陸を発見して帰国後，イサベル女王に帰国報告の謁見するため右側の扇型の階段を上ったと伝えられています．この地域には14世紀に建てられたゴシック風のカテドラル（図3.65）やピカソ美術館があります．休日のバルセローナ海岸（図3.66）は多くの海水浴客で賑わい，日本の海岸のように混雑するようです．

　スペインは約600年の間イスラムに支配されていましたが，レコンキスタと呼ばれる運動の結果，最後のイスラム王は1492年にグラナダのアルハンブラ宮殿を明け渡すのです．しかし宮殿はその後放置され荒れ放題で，浮浪者の住処となっていたそうです．米国の

作家ワシントン・アービング著作の『アルハンブラ物語』（岩波翻訳本あり）によると「19世紀に英国の外交官がマドリッドからグラナダまで馬車で数日間の旅行中に，毎夜アラブ人の従者から聞いた物語を収録した」と記述されています．そのなかには“アラジンの魔法のランプ”や“空飛ぶ絨毯”などが含まれています．アルハンブラ宮殿（図3.67）はその後修復され，現在は世界でも珍しい見事なイスラム宮殿を見学できます．グラナダは谷間の両側の丘を含む街で，右側はアルハンブラ宮殿，左側はアルバイシンと呼ばれる“宮殿を眺める”絶好の街です．冬季には冠雪したシェアラネバダ山脈が背後に見られます．

　マラガはローマ時代から知られている地中海南部の都市ですが，現在は世界的なリゾート地コスタ・デル・ソル（太陽の海岸）の中心地として有名です．アルカサバ（図3.68）はローマの要塞の跡にモーロ人

図3.64　王の広場：コロンブスがイサベル女王に謁見するために上がった階段

図3.65　バルセローナの14世紀建設のカテドラル

図3.66　バルセローナ海岸で遊ぶ人々（海岸空中ケーブルから撮影）

によって築かれ，イスラム式庭園と宮殿の一部が残っ
ておりミニ・アルハンブラと呼ばれているそうです．
マラガからはジブラルタル海峡を高速艇で渡り，アフ
リカのモロッコを日帰り訪問できます．また，オペラ

「カルメン」の素晴らしいビデオ映画（1984年主役カ
ルメンとドンホセ：ジュリア・ミゲネス・ジョンソン
とプラシド・ドミンゴ）の撮影された美しい渓谷の街
ロンダも日帰り訪問できます．学生時代に傾聴したマ

図3.67　グラナダのアルハンブラ宮殿（2月にアルバイシンから撮影）

図3.68　マラガのアルカサバ城塞

図3.69　フラメンコ・ダンス

ラゲーニア（マントバー二弦楽演奏）はマラガの民謡で美しい名曲だと思います．フラメンコ（図3.69）はスペイン特有のダンスですが，各地で楽しむことができます．グラナダの街角ではフラメンコ・スクールの表札を見かけ，許可を得てダンス教室を見学させてもらいましたが，とても楽しく素晴らしい経験でした．

サンチャゴ・デ・コンポステーラはスペインの北西端に位置するガリシアと呼ばれる地域の首都ですが，キリスト教徒の世界三大巡礼地の一つとして知られています．9世紀の初めにキリストの使徒聖ヤコブの墓がこの地で見つかり小さな教会のできたのが始まりで，現在は巨大な教会（図3.70）が建ち多くの巡礼者が訪れます．中世にはフランスとの国境のピレネー山脈を越え数百キロの道のりを歩いてきたと言われています．そこで教会の横には病院が建設され，現在は国営ホテル・パラドール（図3.71）として利用できます．パラドールはスペイン各地の古い城郭や寺院などを利用した国営の素晴らしい現代的ホテルで，値段は極めて妥当です．人気があるので半年以上前に予約する必要があります．スペイン旅行にはパラドール宿泊がお勧めです．

スペイン料理（図3.72A）は，タコ，イカ，タラ，タイなどの海鮮材料を使いとても美味しく，ポルトガル料理と似ています．地域によって魚の種類が異なるようで，サンチャゴでは特にタコが多かったですが，グラナダでは豪華なタラ料理を経験しています．マラガでは日本の“タイの塩釜焼”とそっくりの料理に驚きました．もしかしたら日本の料理人から学んだのかもしれませ

図3.70　サンチャゴ・デ・コンポステーラのカテドラル

図3.71　サンチャゴ・デ・コンポステーラの国営ホテル, パラドール：レイエス・カトリコス　(A)正面玄関, (B)噴水のある中庭

図3.72　(A)バルセローナ市場の海鮮料理　　　　　　　　　(B)生ハム売り場

ん. 肉屋では多数の巨大なハム（図3.72B）がぶら下げてあり, 個人の家屋の地下室には生ハムの薄削り道具が用意され家庭で頻繁に楽しんでいるようです.

参考ビデオ映画「カルメン」1984年　スペインの有名な悲劇の歌劇
主演：ジュリア・ミゲネス・ジョンソン, プラシド・ドミンゴ

3.7 チェコの中世から残る華麗な街プラハ

チェコの首都プラハはヨーロッパの歴史で重要な役割を果たし，神聖ローマ帝国（11～16世紀）の時代には最も繁栄した素晴らしい都市として知られています．現在でも，14～18世紀に繁栄した都市や建造物が残っているのです．パリ，ロンドン，ローマは巨大な観光都市として知られていますが，プラハは華麗な建造物が多数残っている驚くほど見事に纏まっている世界最高の小都市です．その中心はプラハ城（図3.73）と旧市街ですが，この両者を結ぶカレル橋（図3.74）は絶えず多数の観光客のため写真を撮るのが困難なほどです．

プラハは建築の街とも呼ばれています．ロマネスク（10～13世紀）からゴシック（12～15世紀），ルネッサンス（15～16世紀），バロック（17～18世紀），アールヌーボー（19～20世紀），現代建築まで世界で最も美しいと思われる建物が比較的小さな地域（図3.75, 3.76, 3.77）に集まっていますので，ほとんど徒歩で見学できます．

プラハ城（図3.73）は，王宮，大統領執務室，巨大な教会，美術館，庁舎，庭園や小さな町があり世界最大の王宮街（1775年完成）です．プラハは古くからボヘミアの首都でしたが，14世紀には神聖ローマ帝国の中心でカール4世はチェコの黄金時代を築き，16世紀にはハプスブルグ家が率いる中心地でした．

1918年には第1次世界大戦の後，プラハはチェコスロバキアの首都となり，更に第2次世界大戦の後にはソ連の影響下に置かれ，共産党が政権奪取し社会主義政策がすすめられたのです．1968年には"プラハの春"と呼ばれる国民運動が起こりましたが，ソ連の軍事介入によって全土が占領・弾圧されました．しか

図3.73 巨大なプラハ城の全景とヴォルタヴァ川

図3.74 ヴォルタヴァ川に架かるカレル橋とプラハ市の遠景

図3.75　旧市街広場に建つゴシック，ルネッサンス，バロック様式の建物：
左から石の鐘の家，ティーン学校，ティーン教会入口，後方はティーン教会

図3.76　優雅なロココ様式のゴルツ・キンスキー宮殿

し，1989年にはベルリンの壁崩壊を受け，民主化を要求した学生デモに端を発し，警官隊の暴行事件から大規模な街頭デモによって無血革命で共産党政権が倒れたのです．その後，自由選挙が行われチェコ共和国が誕生し，NATOやEUに参加できました．そこで，現在多くの国からチェコに自由に入出国でき，今まで見ることのできなかった中世からの素晴らしい世界遺産を訪れることができるようになったのです．

我々は2011年ベルリンでのCARSの会議後にプラハを訪問したのですが，プラハに残っている中世からの美しい街と素晴らしい建造物にとても驚きました．これほど多くの見事な世界遺産が保存されている小さな都市は，世界中でプラハだけだと思います．チェコ

の面積は日本の5分の1で，人口は約1,000万人です．チェコの人口は極めて少なく，多分そのためかもしれませんが，プラハの街は外国からの訪問客であふれているように思えました．

プラハ最古のカレル橋（520m）はあまりに観光客が多いので，橋の写真を撮るのをあきらめたのですが，橋の全景（図3.74）はプラハの街の西の丘陵地帯からの撮影です．カレル橋は1357年に着工し，60年かけて完成したそうです．カレル橋の有名なのは左右の欄干に両側全部で30体の素晴らしく見事で精巧な聖人像と使徒達が並べられています．そのなかには，日本を訪問した聖ザビエルも含まれています．

プラハの心臓部は，旧市街広場（図3.75）です．こ

図3.77　見事なバロック様式の聖ミクラーシュ教会

図3.78　旧市庁舎の天文時計

こは，信じられないほど多くの素晴らしい建造物で囲まれています．ゴルツ・キンスキー宮殿（図3.76）は，ゴルツ伯爵による優雅なロココ式宮殿で，現在は国立美術館の企画室に使用されています．聖ミクラーシュ教会（図3.77）は，バロック様式で荘厳な雰囲気を漂わせています．華麗な天井画やバロック様式の彫刻で有名ですが，夏の夜にはコンサートが開かれます．

プラハの旧市庁舎で有名なのは，1490年頃に造られた珍しい天文時計（図3.78）です．縦に二つの文字盤が並んでおり，上は地球を中心に回る太陽と月の動きと時間を表し，年月日と時間を示しながら1年かけて一周するものです．下は黄道12宮と農村における四季の作業を描いた暦です．9〜21時の正時には，キリストの12使徒の像が窓の中にゆっくりと順番に表れて，最後に一番上の鶏が鳴いて終わるのです．このような時計で簡単なものは，現在ドイツのミュンヘンや世界各地にありますが，プラハの天文時計は世界でも稀な見事な時計です．

プラハには“王の道”と呼ばれる2,500mの歴史的な道があります．これは13世紀から4世紀にわたって歴代の王が戴冠パレードを行ってきた道です．旧市街の火薬塔から始まりカレル橋を渡ってプラハ城まで荘厳で華麗なものだったそうです．その当時市内には番地がなかったので，人々は家の正面に紋章をつけていたのです．王の道の両側の家には，それらの紋章が現在も残っています．それらはライオン（図3.79A），金の蛇（図3.79B），赤い狐等ユーモアを感じるものです．

プラハを代表すると言われる豪華な市民会館（図3.80）は，1911年に完成しています．この会館は文化的な公共サービスのできることを目的としています．そこで，音楽祭「プラハの春」の会場となるスメタナ・ホール，小ホール，サロン，カフェ，レストランがあり，内部はチェコの芸術家たちによる壁を埋め尽くす巨大な絵，パイプオルガンやアールヌーボーの

(A)

(B)

図3.79 "王の道"に並ぶ家々の紋章：(A)ライオン，(B)金の蛇

図3.80 プラハを代表するとされる市民会館

図3.81 カフカの住んだルネッサンス様式の精細な家

華麗な装飾が施されています．

　旧市庁舎に近くの建物で"1分の家"（図3.81）と旅行案内本に記述されている建物があります．しかし，この建物は"minutely detailed"と英文では記述されていますので，明らかな誤訳で，正確には"精細な"という意味です．別のインターネット記事では"ミヌタ館"と記述されていますが，これも不適切です．この家には，フランツ・カフカ（1883〜1924）が幼少期に住んでいたそうです．カフカは，「変身」，「審判」，「城」などで世界的に有名ですが，生前はほぼ無名の作家です．偉大な先駆者の中には，このような共通点があるのは大変な驚きです．なお，この建物は一見地味に見えますが，多数の詳細な浮き彫りと巧みな彩色で品の良さを示していますので，大変目立つ

建物だと思います．

　プラハには多数のホテルがあり，hotels.com等のインターネットで容易に探し予約することができます．我々はUNITAS（$126，9/4/2022調査）に滞在しましたが，これは以前修道院病院だった施設で，旧市街に近く極めて便利で，小綺麗な素晴らしいホテルでした．昼食や夕食は近所の多数のレストランの"大きく書かれているメニュー看板"を眺めて容易に選択できます．

　プラハの街は"別世界に来たような錯覚を覚えるほど"街中にある石作りの豪華な装飾の建物に圧倒されます．プラハは「世界一華麗な中世都市」を維持していると思います．

3.8 伝統と底力のドイツ

ドイツは二度にわたる世界大戦の敗北から立ち上がった底力を持つ伝統ある国です．ドイツの面積は日本の約95％で，人口は約8,200万人です．第二次世界大戦の同盟国であり敗戦の経験から，私は "ドイツ人は日本人と似ているのか" との疑問を持っていました．さらにシカゴ大学の私の上司カート・ロスマン教授はドイツ人でしたので彼の言動には注目していました．

ベルリンの壁（高さ4m，全長155km）崩壊は1989年ですが，それ以前にベルリン封鎖の冷戦時代にチャーリー・ポイント（図3.82）を通って東ベルリンを訪問したことがあります．そのときの印象は，"若気の至り" と思いますが "ソ連との戦争恐れる必要なし" でした．東ドイツに駐車していた車はチョーク装備で，外装修理の一部はベニヤ板でした．工場の建物は日本の戦後に類似し，アパート群は立派とは言えない状態でした．そこで「共産陣営は自由民主陣営に勝つはずがない」と仮定したのです．その後，ソ連は崩壊，西ドイツは東ドイツ復興に巨額の投資をし，"あっという間に東西ベルリンの差の認識が困難なほ

どの国づくりを実現した" のです．

ドイツの友人によると "東ベルリン復興で一番大変だったのは，古い道路が利用できないので，掘り返してコンクリート道路を作り直したこと" だそうです．ベルリンには，多くの観光スポットがありますが，統一ドイツの象徴と言われるブランデンブルク門（図3.83）は，戦後破壊された当時の写真と比較できます．ベルリン東郊外のポツダム会議（図3.84）では，英国のチャーチル首相，アメリカのトルーマン大統領とソ連のスターリン書記長が戦後の世界情勢を決定したのです．ベルリンの壁崩壊から18年後の復興の様子（図3.85）ではブランデンブルク門はまだ修復中ですが，手前の旧東ベルリン地区の整備はかなり進行していたようです．

東ベルリンは，現在ベルリンの中心部で博物館島と呼ばれる小さな島にペルガモン博物館（図3.86, 3.87）があり，古代ギリシャで発掘された「ゼウスの大祭壇」や古代バビロニアからの「イシュタール門」等の巨大な遺跡のモデルや発掘物で有名です．この島には天井

図3.82　第二次世界大戦後の東西ベルリン分岐点チャーリー・ポイント

図3.83　ブランデンブルク門（戦後写真と2018年）

図3.84　ポツダム会議のチャーチル（左），トルーマン（中央）とスターリン（右）

図3.85　TVタワーから眺めるベルリンの街（2007年）：旧東ベルリン地区（手前），ティーアガルテン緑地帯（中央），旧西ベルリン中心街（遠方中央），工事中のブランデンブルク門（中央右）

図3.86　ペルガモン博物館（東ベルリン地区）

図3.87　ペルガモン博物館内の巨大な遺跡の展示

ドームのあるベルリン大聖堂があります．東ベルリン地区には1621年創業ベルリン最古のレストラン，ツア・レッテン・インスタンツ（図3.88）があり，ナポレオンが座ったと伝えられる席（図3.89）が有名です．

西ベルリンの中心は，戦争で教会の先端部分を破壊されたカイザー・ヴィルヘルム記念教会のあるツォー駅周辺で，クーダムという高級ショッピング街や有名なケンピンスキー・ホテルとベルリン動物園やベルリ

ン工科大学があります．ベルリン市内の交通には，バスや電車が便利です．ベルリン郊外のシャルロッテンブルグ宮殿は，プロイセン国王の豪華な夏の別荘です．

ハイデルベルグは学生の街として有名ですが，ゲーテやショパンなどの詩人や芸術家が訪れたことでも知られています．ドイツ最古のハイデルベルグ大学は1386年創立です．ハイデルベルグ城（図3.90）は丘の上の森の中に建っていますが，景色の良い哲学の道

図3.88　ツア・レッテン・インスタンツ

図3.89　ナポレオンが座ったと言われる暖炉前席

図3.90　ハイデルベルグ城と街の家屋（景色の良い哲学の道から撮影）

（Philosophenweg）は川を越えた城の反対側の丘の散策の山道で知られています．京都にも哲学の道という同名の桜並木の美しい通りがあるのを思い出します．

　ミュンヘン（ミュニック）はドイツ南部バイエルン（バベリア）地方の首都で人気のある都市です．ここはドイツの山岳地帯の始まる場所で，"夢見るような美しい"ノイシュバンスタイン城やドイツアルプスの観光地ガーミッシ・パーテンキルヘンに近く，オーストリア・アルプスの始まる地域です．

　ミュンヘンのラットハウス（市庁舎）の仕掛け時計（図3.91）は，人間と同じ大きさの複数の人形が一定時間になると音楽に合わせて回転して出場するのです．これを眺めるために多くの観光客が集まります．ドイツでは町の市庁舎の地下にはラーツケラーと呼ばれる酒場食堂があります．ここではワイン，ビールやドイツ料理を妥当な値段で楽しむことができます．

　ドイツ博物館では，レントゲンによるX線の発見に使用した実験器具の写真とモデル（図3.92）があり，初期の自転車や飛行機など多くの興味ある展示があり

ます．オクトーバーフェストはミュンヘンから始まったのですが，その中心はホフ・ブロイハウス（図3.93）です．ここは16世紀からの王室の御用醸造所だったそうで，楽団もあり世界最大のビアホールと思います．ミュンヘン郊外に珍しい美人画ギャラリーのあるニンヘンブルグ城があります．ここは貴族の夏の離宮でしたが，宮廷画家が王の要請で描いた36点に及ぶ素晴らしい美人画が展示されています．

　1990年ミュンヘンとオーストリアのインスブルックの中間にあるシュロス・エルモウという山岳地帯の巨大な山小屋のような国際会議場で，私はICRU委員の会議に参加しました．ホテルが満員だったので私と家族は近くの村のホテルに宿泊したのですが，ドイツ人のハーウィグ・パレッキ委員は「滞在中自由に使って下さい」と彼のベンツを貸してくれたのです．この申し出には驚きましたが，とても便利で深く感謝したことがあります．このような好意は"誰もが容易にできることではない"と思いますが，ドイツ人を理解する経験の一つと感じています．

図3.91　ミュンヒェンのラットハウス（市庁舎）と仕掛け時計

図3.92　ドイツ博物館のレントゲン実験室

図3.93　ホフ・ブロイハウス

図3.94　ソーセージとロール・キャベツ

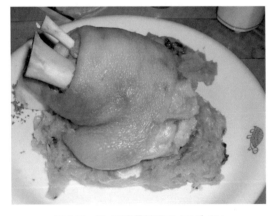
図3.95　ドイツ豚足料理アイスバイン

　この記事の冒頭に "ドイツ人は日本人と似ているのか" との疑問を述べましたが，今まで私の経験から "ドイツ人は論理性が強くとても親切で素敵な人々" だと思います．しかし日本人もドイツ人も個人差のあることに注意が必要です．

　ドイツのソーセージは各地で色々な種類があり，ベルリンのソーセージ・スタンドでは好物を選ぶことができます．ニュールンベルグのレストランのメニューは特徴ある小さな（10センチ程）白ソーセージだけですが，とても美味しく，好きなだけお替りできます．ハイデルベルグのソーセージとロールキャベツ（図3.94）も美味しくいただけます．特徴あるドイツ料理のアイスバイン（図3.95）は骨付き豚足料理で，マスタードやホース・ラディシで食べるのですが，大好物なのでドイツ訪問中には必ず賞味することにしています．

3.9　ドナウ川とブダペストのハンガリー

　私が高校時代の国際ニュースの一つは1956年のハンガリー動乱です．ソ連の戦車が続々とハンガリーの首都ブダペストに侵入するニュース映画を見て，第2次世界大戦終結からまだ11年後の日本で，戦争の恐怖を忘れていなかったのです．ハンガリー動乱当時，多くの家庭にはまだテレビがありませんでした．私の家族は1945年8月1日富山市の米軍B29による大空襲で全焼被災（『学長の回顧録』インナービジョン，2014年，pp. 6-9）していましたので，戦争の怖さは身にしみていたのです．その後，ハンガリー動乱のことは長い間忘れていましたが，1969年にシカゴに移動し，1975年に自宅を購入した時，隣に住む隣人がハンガリーからの移民だと聞いてびっくりしたのを覚えています．更に，隣のフェンセルー家は，避難民で2度とハンガリーに戻れないと聞き，世界における厳しい現実を理解しました．このような状況が，我々の米国シカゴ到着当初の経験でした．それ以来私はハンガリーに興味を持っていました．

　一方，ハンガリーでは1989年頃に民主化が進み，共産党独裁から複数政党制の民主国家への体制転換が起こります．その後急速に西側に接近して，1999年にはNATOに2004年にはEUに加盟したのです．したがって，現在はハンガリーを自由に訪問することができます．

　そこで，2013年にドイツ・ベルリンでのCARS国際会議の後に，家族でハンガリーを訪問したのです．ハンガリーは人口約1,000万人で，面積は日本の約4分の1の小国です．そこでヨーロッパの支配者が変わるたびに，ハンガリーは絶えず支配国に従ってきた悲劇の歴史を持っているのです．しかし，1867年にオーストリア・ハンガリー二重帝国が成立し，オーストリア・ハプスブルグ家のフランツ・ヨーゼフとエルジェーベト（独名エリーザベト，愛称シシイ）はハンガリー王と王妃として戴冠式を行ったのです．シシイは身長173cm，体重48kg，ウエスト50cmで絶世の美女だったためにヨーロッパ全土で賞賛され，乗馬の腕前は国際大会に出場するほどで，騎馬民族の国ハンガリーを愛し，難しいと言われるハンガリー語を完全にマスターし，ハンガリーの独立運動を支持していたため，ハンガリー国民に大変慕われていたそうです．ウィーンやブダペストの街や空港では，今でもシシイの写真入りのチョコレートのお土産を入手できます．

　ハンガリーの首都ブダペストは，ブダと呼ばれる西側の丘陵地帯とペストと呼ばれる東側の平坦な部分からなっており，両側を分けるのがドナウ川です．以前，川を渡る両側の交通は，夏は渡し船を利用し，冬季に川が完全に氷結すると徒歩で渡れたそうです．そこでドナウ川に橋を架ける計画は以前からあったのですが，1849年に完成したのです．そのために，当時最先端のロンドン橋の設計者を招き計画したので，そ

図3.96　1849年完成のドナウ川に架かるブダペストの有名なくさり橋（吊り橋，長さ380m）

図3.97　ドナウ川に架かるエルジェーベト橋，遠方の橋はくさり橋：左側がブダ，右側がペスト

図3.98　ゲッレールトの丘から眺めるハンガリーの旧王宮（現在，美術館や博物館），後方のブダ丘陵地帯に分散する住宅と遠方の山岳

の時代最高レベルの釣橋（くさり橋；図3.96）が完成したのです．しかし，この橋は第2次世界大戦や他の局地戦争でも破壊され，修復後，現在の姿になっています．ドナウ川には，その後，皇妃の名を付けた装飾的なエルジェーベト橋（図3.97）が架けられたのですが，第2次世界大戦で破壊されたために，現在のようなシンプルな設計で再建され，今ではこの設計がより好まれているそうです．ブダペストのドナウ川には，現在7つの橋があります．ドナウ川は，ヨーロッパで2番目に長い川で領域は17ヵ国にわたり，その巨大さは多くの日本人には多分想像が困難と思います．川の深さと水の流量は，日本の川の数倍程度と推側します．

旧王宮（図3.98）と反対側のドナウ川岸辺に建つハンガリー国会の建物（図3.99）は，世界でも珍しい建築です．これを設計したハンガリーの建築家は世界各地を回り，様々な異なる様式を取り入れた折衷主義

を設計の基本としたのです．写真正面手前の横長の建物はイギリス国会議事堂ウェストミンスター宮殿にとても似ています．その後方中央のドームはイタリア・フローレンスの聖母教会・ドゥオーモと間違えるかもしれません．その左右と前方左右にある4本の尖塔を持ち平らな屋根の構造物はドイツやフランスの家屋に似ています．そこでこのハンガリー国会議事堂は折衷主義の傑作と言われています．

王宮の丘（図3.98）には，旧王宮，博物館，美術館や教会等多数の観光場所がありますが，高台で見晴らしの良い"漁夫の砦"には初代ハンガリー国王イシュトヴァーンの銅像（図3.100）があります．漁夫という名称は，以前ドナウ川の漁師組合があったからだそうです．ハンガリーは海のない国ですが，ドナウ川ではキャビアの取れるチョウザメやオオナマズ等の巨大な淡水魚も釣れるそうです．大きなチョウザメは2人がかりで持ち上げるほどです．イシュトヴァーンは，

図3.99　ハンガリーの国会議事堂，建築設計の折衷主義の傑作

図3.100　漁夫の砦にある初代ハンガリー国王イシュトヴァーンの騎馬像（二重の十字架を持つ）

「二重の十字架」を手にしていることで有名です．二重になっているのはハンガリー王国を築いたことと，キリスト教をこの地に導入し国内大司教の決定権をローマ法王から与えられたことを意味するとのことです．この二重の十字架は，ハンガリー国旗にも採用されています．

　ブタペストの西側は旧王宮の後ろあたりから比較的低い山の丘陵地帯が始まっています．この地域は現在ブダペストの高級ベッドタウン（図3.101）のようです．市の中心から約10km以内の範囲ですので市民にとっては素晴らしい自宅を持つことができ，日本では想像が難しいほど，通勤は便利だと思われます．

　ハンガリーの食事はドイツ料理に似ていますが，と

ても美味しくいただくことができます．以前日本でハンガリー料理のビーフシチューが好きだったので，本場のビーフシチューを賞味したかったのですが，現在はそのような“こってりしたシチュー”ではなく，あっさりした米国のミネストローネのようでした．しかし，前橋では洋食屋のビーフシチューを最近でも楽しむことができます．本場と考えていたハンガリーで消失したのは残念ですが，若い時にビーフシチューを習った日本のシェフが，以前と同じ味を日本に残してくれているのは大変ありがたいです．

　私はシカゴで韓国料理のカルビについて似たような経験をしています．カルビは焼き肉としてとても美味しく，骨のついた焼き方がシカゴの韓国料理屋では

図3.101　ブタペストから西10km以内の郊外丘陵地帯の住宅街

図3.102　ドイツで有名な白アスパラガス料理

残っています．しかし，最近10年程の韓国のカルビは骨を切り落として焼くのです．多分合理化のためと思いますが，従来の方法がシカゴに残っているのは素晴らしいと思っています．

図3.102は，ドイツで有名なアスパラガス料理です．この料理は，5〜6月頃のアスパラガスの採れる時期しか賞味できませんが，実に素晴らしい料理です．これはアスパラガスをゆでてホワイトソースで食べる高級料理で，ビーフステーキと同等の値段です．高級レストランでは，写真のアスパラより倍の太さ3〜4本程度で，スゴーク美味しいです．

3.10　素敵なバルト3国：
　　　　リトアニア，ラトビア，エストニア

　1904年の日露戦争で東郷平八郎の日本海軍がロシアのバルチック艦隊を打ち破り歴史的勝利をしたことはよく知られています．バルチック艦隊は，スウェーデンと当時のロシアとの間のバルト海を本拠地とするロシア海軍の主要艦隊でした．現在その地域は，1990年代にロシアから独立したリトアニア，ラトビア，エストニアのバルト3国（図3.103）として知られています．バルト3国は，近隣のスウェーデン，ポーランド，フィンランド，ドイツ，ロシアなどに侵略され外国支配を受けた悲劇の小国です．それぞれの面積は北海道よりも小さく，人口は300万人以下ですが，独自の言葉を持ち独立性を保持してきたのです．独立後はヨーロッパの一員として繁栄を続け多くの観光客が訪問しています．その理由は北ヨーロッパの文化や古い城郭などが現存しているからです．

　シカゴ大学では放射線科医の一人がリトアニア出身ということで一度訪問したいと考えていましたが2019年に実現しました．訪問はリトアニアのビルニュスから始まり，ラトビアのリーガ，エストニアのタリンへそれぞれバス3時間ほどの旅行でした．驚いたことにこの旅行中に山を見たことはなく，松林や白樺林か一面の麦畑でした．リトアニアのカウナスでは，第二次世界大戦の始めに多くのユダヤ人を助けた杉原千畝の領事館（図3.104）を訪ね，領事の功績を偲びました．高層建築はほとんどなく，教会の塔（図3.105）が町中を見晴らす高見台でした．ラトビアのリーガでは，ユーゲントシュティール（又はアールヌーボー）と呼ばれる，19世紀から20世紀初頭に始まった豪華な新芸術様式の建築の宝庫（図3.106）と言われる建物が40%も残っていると言われ別世界に来たとも感じるような素晴らしい街を散策しました．これらの建物が残っているのは第二次世界大戦で戦火に巻き込まれず被害を被っていないからだと思います．エストニアでは，ヨーロッパで唯

図3.103　バルト3国の地図

図3.104　リトアニアの杉原千畝のデスク

図3.105　エストニア・タリンの街の教会の塔からの街並

図3.106　ラトビアの美しい建造物街

図3.107　ヨーロッパ唯一現存するエストニア城郭

一現存する小高い丘の上の城郭（図3.107）とその周囲を徘徊することができました．バルト3国の町は小さいので，ほとんど徒歩で散策が可能で，英語はほぼ完ぺきに通用しました．食事はリトアニアのジャガイモ料理のツェペリナイなどとてもおいしかったです．市場では燻製の魚の種類が多いのには驚きました．

3.11 歴史に登場するバルカン半島諸国：クロアチア，スロベニア，ルーマニア，ブルガリア

バルカン半島諸国は，世界史においてユニークで重要な役割を果たしています．第一次世界大戦はここから始まったのです．シカゴ大学の私の秘書のエベレンはクロアチア（英語ではクロエイシァと発音）出身でいつも素晴らしい国だ（beautiful country）と言っていましたので，訪問したいと考えていました．

2018年にバルカン半島の4ヵ国（図3.108）を訪問するチャンスが訪れました．クロアチアの首府はザグレブで，有名なオリエント急行が通過する都市です．ここでは1925年に建てられたホテル（図3.109）に宿泊しました．ザグレブを訪問する際には，この素晴らしい歴史的ホテルに宿泊することをお勧めします．ザグレブ市内はほとんど徒歩で散策でき，アドリア海からの海鮮料理（図3.110）を楽しむことができます．我々の訪問中はサッカーのワールドカップ試合の最中で，クロアチアは優秀な成績で町中がサッカーで沸き上がっていました．ザグレブからレンタカーで2時間ほどの距離に大小16の湖と92ヵ所の滝を持つプリトゥヴィツェ湖群国立公園（図3.111）があり，素晴らしいユネスコの世界遺産です．世界中でこのような滝を見たことがありません．

クロアチアに接近する西側の国は，スロベニアで

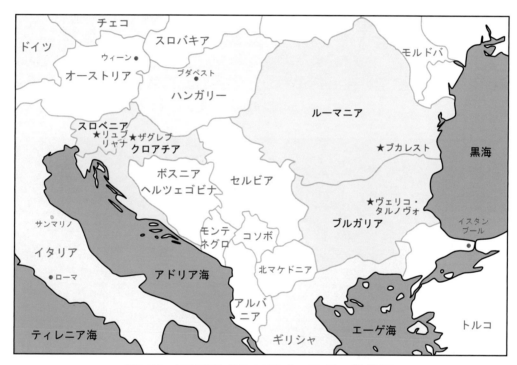

図3.108　クロアチア，スロベニア，ルーマニア，ブルガリア

図3.109　エスプラナーデ・ザグレブ老舗ホテル

図3.110　ザグレブの海鮮料理

図3.111 クロアチア・プリトゥヴィツェ湖群国立公園

図3.112 スロベニア・リュブリャナの街（リュブリャナ城から撮影）

す．この国は四国ほどの小さな国ですが，1991年に
ユーゴスラヴィアから独立したのです．その直後
1992年にクロアチアが独立しています．首府リュブ
リャナは美しい街（図3.112）で，リュブリャナ城か
ら眺めると美しい瓦屋根の建物が眺められます．この
国ではユーロを通貨として許されているので（他の

図3.113　スロベニア・ブレッド湖から断崖100mに建つブレッド城

図3.114　1875年カロル1世の豪華な王室夏の離宮（ルーマニア）

3国では不可）経済的に優れた国であることがわかります．米国では，前トランプ大統領メレニア夫人はスロベニア出身のモデルだったことが知られています．スロベニアの北西オーストリアの近くにブレッド湖（図3.113）がありリゾート地で多くの方が湖で泳いでいました．スロベニアの南西には，アドリア海への小さな出口がありますが，海岸の大部分はイタリア領土で，その先端の都市は有名な物理国際サマースクールのあるトリエステです．

クロアチアのザグレブからルーマニア（英語ではローメニアと発音）の首都ブカレストまでは飛行機で約2時間です．ルーマニアは日本の本州とほぼ同じ面積ですが，人口は約2000万人です．シカゴ大学では教員と学生にルーマニア出身の方がいましたので，是非ルーマニアを訪問したいと思っていました．そこでバルカン半島訪問にはルーマニアも含んでいました．最近の歴史ではチャウシェスク共産党書記による独裁化で国民が疲弊し，歴史的建造物は破壊され，1989年

図3.115　吸血鬼ドラキュラの居城モデルのブラン城

図3.116　1879年から続くブカレストのルーマニア料理店

図3.117　ブカレストの国民の館

に革命がおこり処刑などの大きな国際ニュースの記憶があります．20世紀初頭には“バルカンの小パリ”と呼ばれるほど美しい町並みだったそうです．しかし，現在でもブカレスト近郊には中世の街並みを残した美しい古都ブラショフ，豪華で素晴らしいカロル1世の夏の離宮ペレシュ城（図3.114），“吸血鬼ドラキュラ”のモデルとなったブラン城（図3.115）があります．ブカレストには1879年から続く老舗ルーマニア料理店（図3.116）がありますし，国民の館と呼ばれるチャウシェスク大統領の未完の宮殿（図3.117）は，アメリカ・ペンタゴンに次ぐ世界第2の大規模な大きさです．この地域の訪問は，英国小説作家アガサ・クリスティの名作ミステリー小説の映画「オリエント・イク

スプレスの殺人」を何度も見たことを思い出します．
　ブルガリアは，ルーマニアの南に接する国で，トルコの西とギリシャの北に位置し，ヨーロッパの東端でアジアとの接点の国です．歴史的には世界最古の黄金文化を築いた古代ブルガリアから始まり，バルカン半島で最も強大な国家だった時期もあります．最近の両世界大戦ではドイツ側につき敗戦，その後共産党独裁体制になりますが，1989年には一党独裁体制が崩壊し，民主化が進み，2007年にはEUへの加盟が実現しています．我々はブカレストからのツアーに参加しブルガリアを訪問しました．ブルガリアの国土の中央にはバルカン山脈が横たわり山と丘陵の多い国です．ヴェリコ・タルノヴォは，森と丘陵に囲まれた第2次

図3.118　ヴェリコ・タルノヴォの街

図3.119　ヴェリコ・タルノヴォの第2次ブルガリア王国（1187–1393）首都の古城の跡

図3.120　ブルガリアの巨大なヒマワリ畑：右側遠方から地平線までヒマワリ畑

ブルガリア王国時代の首都（図3.118）で，昔の城の廃墟（図3.119）が残っています．ブルガリアはヨーグルトで有名ですが，香水などに使用されるバラのエッセンスオイルも，世界の70％がブルガリアで生産されているそうです．ブルガリアでは，山のない大平原をバスで長距離移動しましたが，その間に満開の大輪ヒマワリ畑（図3.120）を通過し，地平線までヒマワリ以外の穀物を見る事がなかったのはとても驚きました．これほどの大量のヒマワリは，ヒマワリ油の製造のためと思われますが，ヒマワリ畑の規模の大きさにはびっくりです．

参考映画「オリエント急行殺人事件」1974年，2017年
アガサ・クリスティ小説の映画化，バルカン半島冬季列車での複雑な事件

3.12 世界的人気のフランス

　フランスは世界で最も人気のある国で，年間6,000万人の観光客が訪れています．フランスの領土は日本の約1.5倍で，人口は約6,000万人です．1974年私の最初のヨーロッパ訪問国はイギリス，スウェーデン，オランダ，ドイツ，フランスでした．パリ空港で出迎えてくれたのはカート・ロスマン教授の友人ジャン・ティボー（『学長の回顧録』インナービジョン，2014年，p. 14）で，そのままパリ郊外のシャンティイの小綺麗な城に案内されたのを覚えています．その後，国際会議などでフランスを訪問するチャンスは多かったのですが，この記事は最近のデジカメ画像を利用して用意しました．パリとその周辺には多数の歴史的遺産や博物館がありますが，ノートルダム大聖堂（図3.121）は1330年頃に200年かけて完成した"フランスを象徴する"遺産と言われています．しかし2019年の火災のため現在は再建中で，2024年には公開される予定です．ノートルダム大聖堂は，宗教儀式だけでなく国際会議の音楽会にも利用されています．ビク

図3.121　ノートルダム寺院（2001年撮影）

図3.122　ルーブル美術館とセーヌ川

図3.123　モンマルトルの丘からのパリの街の眺望

図3.124　モンマルトルのサクレ・クール聖堂

図3.125　モンマルトルからのエッフェル塔

トル・ユーゴーの著名な小説の映画化「ノートルダムのせむし男」（1956年の映画．主演アンソニー・クインの驚くべき名演技，個性的美人女優ジーナ・ロロブリジーダ）でも有名です．

　創立230年のルーブル美術館（図3.122）は来館者数世界最大（年間740万人）で，ギリシャ彫刻「ミロのビーナス」やイタリアのレオナルド・ダ・ヴィンチの名画「モナ・リサ」や「ナポレオン1世の戴冠」などがあります．この立派な建物は歴代王の王宮でしたが，ルイ14世は巨大なヴェルサイユ宮殿を造設したので，美術館として利用することになったそうです．ヴェルサイユ宮殿は，パリの南西郊外に，20年間にわたって建造された世界最大の見事な宮殿です．この宮殿の大きさ（2,300室）と豪華さには圧倒されます．さらに厨房は立派な独立の建物であることにも驚き，宮廷における「フランス料理の重要さ」を示していると感じました．しかしルイ16世と王妃マリー・アントワネットは，1789年のフランス革命によって斬首される歴史的悲劇が起こったのです．

　パリ西南の郊外，セーヌ河畔のセーブルという町に国際度量衡局（BIPM）があり，メートル原器とキログラム原器が保管されています．以前，国王の愛妾の宮殿だったそうですが，BIPM所長兼ICRU委員長アンドレ・アリセイは，1996年にICRUの年次会議をこの素晴らしい施設で開催したのです．当時，ホテル等は若干不便でしたが，パリ近郊と歴史の一部を知るのには大変良かったと思っています．

　パリの街並み（図3.123）を眺めるにはモンマルトルの丘の上にあるサクレ・クール聖堂（図3.124）やエッフェル塔（図3.125）が素晴らしい場所です．モンマルトルはセーヌ川の北側ですが，モンパルナスは南側です．19世紀末頃からこの地域はモジリアニ，ゴッホ，ルノアール等の印象派の画家達で有名ですが，現在でも街角に似顔絵描きや画家の行商（図3.126）が見られます．天才画家モジリアニについての素晴らしい映画「モンパルナスの灯」（1958年，主演ジェラール・フィリップ，女優アヌーク・エーメ）を懐かしく思い出します．モジリアニは36歳で亡くなった

図3.126　モンマルトルの絵描き達

図3.127　シャンソン酒場ラピン・アジル

図3.128　モン・サン・ミッシェル

のですが，不思議なことに主演の美男俳優フィリップ
も，さらに天才音楽家モーツアルトも皆35歳位で亡
くなっています．この地域にはシャンソン酒場で有名
なラパン・アジル（図3.127）があります．この建物
は個人家屋のような印象で，周囲の現在の建造物とか
なり違うので長期的な保存が気になります．

　パリには多数の興味ある観光場所があります．凱旋
門は街の中心的な存在で，ナポレオンの指導で作られ
たのですが，その完成を見ずに本人は亡くなったそう
です．凱旋門から高級ショッピング街のシャンゼリゼ
通りを越えるとコンコルド広場に達します．ここはフ
ランス革命でギロチン台のおかれた場所ですが，現在
はナポレオンがエジプトから移動させたオベリスクが
建っています．さらに直進するとルーブル美術館で
す．パリには多数の美術館がありますが，セザンヌ，
ゴーガン，ゴッホ等の印象派の画家の作品はオルセー
美術館に，モネのスイレンの作品はオランジュリー美
術館に，ロダンの彫刻はロダン美術館に展示してあり
ます．

　セーヌ川の南側にはカルチェ・ラタンと呼ばれる地
区があります．ここにはソルボンヌ大学（現パリ大学）
があり，学生街のような庶民的な雰囲気です．ギロス
や中近東からのバーベキュー等立ち食いできる街で
す．しかし，以前ポーランドからの留学生キュリー夫
人が学生時代に苦学した場所と思うと感慨深いです．

　フランス・ワインで有名なボルドーで1995年に
ECR（ヨーロッパ医学放射線学会）が開催されました．
ボルドーは小さな町ですのでホテル施設が十分でない
ため，多くの参加者は男女別の大学学生寮に宿泊した
のです．このような経験は初めてでしたが，街のレス
トランでは素晴らしい巨大なエビと赤ワインを低価格
で楽しむことができました．ボルドーからは個室の寝
台列車でニースやモンテカルロを通過しイタリアとの
国境を越えたのは楽しい経験でした．その後，別の列
車旅行ではパリからロンドンまで英仏海峡トンネルを
通過し，あっという間に終着駅に到着したのは驚きで

図3.129 モン・サン・ミッシェルから眺めるフランス本土風景

図3.130 レンヌの街のレストラン街

図3.131 (A)パリのムール貝専門店のナベ料理とスズキの焼き物 (B)(C)(D)レンヌの街のフランス料理

した．車窓風景からフランス側は農場が多かったのですが，英国側は豚や牛の牧畜が目につきました．

2019年にはレンヌでCARS国際会議が開催され，モン・サン・ミッシェル（図3.128, 3.129）を訪問しました．修道院の建つ城塞の小島はフランス本土と浅瀬で繋がっていますが，満潮時に水面が最大14mも高くなり離れ小島になります．この城塞は多くの戦争で一度も侵略されたことがないそうです．レンヌの街のレストランや家屋は，壁を縦横，斜めの板で縁取りするイングリッシュ・チュドアのスタイル（図3.130）が多く見られましたが，この地域は英国に近いからかもしれません．

パリでは，ベルギー本店レオン・ド・ブラッセルという ムール貝料理のチェーン店を見つけ，ヨーロッパ訪問時たまに通いましたが鍋いっぱいのムール貝（図3.131A）は素晴らしいです．一度だけ不作の年には小さなムール貝にがっかりしたこともあります．パリでは本格的なフランス料理店が減少しましたが，レンヌの街では素晴らしいフランス料理（図3.131B, C, D）を楽しむことができました．

参考映画
「ノートルダムの背むし男」1956年
ビクトル・ユーゴーの小説の映画化
主演：アンソニー・クイン，ジーナ・ロロブリジーダ

「モンパルナスの灯」1958年
印象派画家モジリアニの半生の悲劇の物語
主演：ジェラール・フィリップ，アヌーク・エーメ

3.13 海鮮料理のおいしいポルトガル

ポルトガルの人口は約1,000万人で，面積は日本の約4分の1と極めて小さな国です．しかし，ポルトガルは，ヨーロッパを拠点としてアメリカや全世界に航海を始めた最初の国です．例えば，1498年にアフリカの喜望峰をまわってインドのカルカッタに初めて到達したのはポルトガルのバスコ・ダ・ガマです．南米のマゼラン海峡を発見したマゼランもポルトガル人です．その後スペインやヨーロッパ各国が世界航海を始め，ポルトガルは南米のブラジルを植民地としますが，それ以外の南米はすべてスペインが占領したのです．そこでブラジルは現在ポルトガル語が公式言語ですが，その他の南米諸国はすべてスペイン語が公用語です．これは奇異に感じるかもしれませんが，歴史的に明確な理由があるのです．

ポルトガル本国の領土はスペインに囲まれていますので，スペイン各地から容易にポルトガルを訪問する

ことができます．我々はスペインのサンチャゴ・デ・コンポステーラから自動車でポルトガルの北部に入国したことがありますが，国境でのチェックはありませんでした．2015年にはスペインのバルセロナでの国際会議CARSの後にポルトガルのリスボンを訪問しました．

リスボンは起伏の激しい街で市内には七つの丘があると言われています．この地形が影響したと思われるのは，1755年11月1日の大地震です．倒壊した建物は9,000，津波の高さは12.5m，犠牲者は6万人と記録されています．地震の影響をあまり受けなかったアルファマ地区は，現在も，それ以前のイスラム支配の影響を強く残している街並みだそうです．現在のリスボンは，勿論そのような地震被害の様子は全く感じられませんが，地震被害に苦しむ日本と若干の共通点があると感じます．

図3.132　リスボンの街とサン・ジョルジュ城

図3.133　リスボンのロシオ広場：左寄りの広場角の上方付近に素晴らしい海鮮料理屋街

図3.134　サンタ・ジェスタの街の有料エレベーター　（左）下側の通り（雨天撮影）（右）上側の通り（反対側から晴天撮影）

図3.135　船の出入りを監視するテージョ川岸に建つ要塞，ベレンの塔

　リスボンの街を見下ろす高台にあるのが，サン・ジョルジュ城です（図3.132）．この城はローマ人によって要塞として建設され，その後，西ゴート族，イスラム教徒，キリスト教徒など城の居住者は次々に変わったのですが，現在は公園になっています．ここからはリスボンの街の素晴らしい全景を眺めることができます．

　リスボンの街の中心に近いロシオ広場（図3.133）には，ホテルが多数あり，バスや電車の乗り場なども大変便利です．近所には驚くほど素晴らしい海鮮レストラン街があります．なお，リスボンの市内観光には，石畳の狭い道路をゴトゴト走る市電が素晴らしいです．ゆっくり走るので，多くの市民生活を眺めるこ

ともできます．特に利用価値のあるのはアルファマを一周する電車です．市内には低いところと高いところを短距離で結ぶケーブルカーが3路線あり，これも便利です．また，道路の真ん中から垂直に有料エレベーター（図3.134）がありますが，多分世界で唯一の公共道路の有料エレベーターだと思います．

　リスボンの街は海の近くの巨大なテージョ川の河口の近くに位置しています．この変わった地形のせいで1755年の大地震で巨大な津波が襲ったのかもしれません．このテージョ川の入り口にあるのがベレンの塔（図3.135）です．この塔は船の出入りを監視する要塞として16世紀の初めに建てられたそうです．この建物は，一見すると周囲に他の建造物がないせいか大

図3.136　ムーアの城跡

図3.137　ユーラシア大陸最西端のロカ岬灯台

きく見えないのですが，6階の構造で，水牢，砲台，兵器庫，国王の間，食堂，王族の居室からなっています．この塔は長い間「帰れないかもしれない男達を見送り，またリスボンに戻れた幸運な仲間を出迎えた」のです．その後リスボンから遠く離れた日本で，明治時代初期に日本を離れる時，更に戻れた時に，駿河湾海上から「富士山を眺め世界に渡航した日本の若い開拓者達」の抱いた感情と共通のものがあったのではないかと想像します．

リスボンの街の近くの山，海岸，古い城郭を，電車やバスで日帰り観光することは容易です．リスボンの西28kmにシントラという山あいの町があります．こ

こは王様の避暑地の宮殿や貴族の立派な館のあった所で世界遺産になっています．更に，ここには7世紀ごろにムーア人によって築かれたムーアの城跡（図3.136）があります．しかし，12世紀に当時の王様によって落城され，現在は僅かな城壁が残っています．ここからはシントラの街と大西洋を眺めることができます．

東のロシアから始まり，アジアとヨーロッパを含む世界最大のユーラシア大陸の西の先端は，ポルトガルのロカ岬（図3.137）です．高さ140mの断崖の上に「ここに地果て，海始まる」とのポルトガルの詩人の有名な石碑が建っています．ここがヨーロッパの最西端と理解するのは感慨深いことだと思います．

図3.138　古くからの漁師町カスカイス

図3.139　ポルトガルの魚料理

　リスボンに戻る途中で，カスカイスと言う漁師町（図3.138）に立ち寄りました．日本の漁師町と海の雰囲気は似ていますが，町の建物はレンガや石でできている立派な家が多く日本の漁師町とはだいぶ異なり，ここはリスボンの近くの有名な観光地になっているそうです．

　ポルトガルとスペインの海鮮料理は日本のものとは大きく異なっていますが，とても美味しく楽しむことができます（図3.139）．多くの食材が使われ，タコ，イカ，タラなど多くの魚やマテ貝はとても美味しいです．ただし，刺身は期待できません．特に，タラの料理は想像できないほど種類が多く豪華で，すごくおいしいです．スペイン・マラガのタラ料理専門店に行った時には，5人がそれぞれ異なった料理を注文し全員

がそれぞれを味見したのですが，驚いたことには全員がすべての料理を素晴らしいと評価したのです．この地域では，天井から吊るした"乾燥したタラ"が大量に売られていますが，水に浸して"柔らかく戻して"から料理するのです．私が子供の頃の日本では乾物屋があり，"ミガキニシンと呼ばれる乾燥ニシン"が家庭で利用されていました．冷蔵庫のない時代に人間の知恵が考え出した魚の長期保存法でした．一方，ニシンはスウェーデンや北欧では酢漬けやオイルヅケで長期保存しています．これもすごくおいしいので，シカゴではカンヅメ，ビンヅメ，プラスチック容器入りを時折楽しんでいます．世界各地でそれぞれ異なった"魚の長期保存を工夫"していたのは大変興味ある事実です．

3.14　キュリー夫人のポーランド

　米国ではポーランド人をポーリッシと呼びますが，ポーリッシ人口はポーランドの首都ワルシャワ（米国ではワーソーと発音）が世界で一番多いのは当然ですが，2位はシカゴと聞いています．これは驚きですが事実のようです．そこでシカゴにはポーリッシのスーパーマーケットもあり，我々は時々美味しいポーリッシ・ソーセージを買いにいきます．このブラットウーストと呼ばれる白ソーセージとサワークラウトを甘酸っぱく煮込んだドイツ風の単純な料理ですが，とても美味しいのでシカゴでは時折楽しんでいます．

　ポーランド出身の最も著名な研究者はキュリー夫人です．キュリー夫人（1867〜1934）の生まれた家はワルシャワの旧王宮の近くにあり，現在博物館（図3.140）として保存されています．しかし，この家にしばらく住んだ後，父親一家はとても貧しくなり大変な苦労をしたそうです．キュリー夫人は，若くしてパリのソルボンヌ大学（現パリ大学）に入学し苦学の末学位を取得しました．同じ分野のピエール・キュリーと結婚し，本名はスクロドフスキーと発音が困難な名前のためにキュリー夫人として有名なのです．キュリー夫人の学生時代は貧しかったので，パリのアパートの屋根裏部屋に住み，冬には充分な暖房がないので部屋では外套を着て過ごしていたそうです．そのような苦労をしたせいか，ノーベル賞を貰ってからも"偉ぶることもなく"若い学生達には特に親切で，ノーベル賞の賞金は学生達の支援に使ったそうです．キュ

図3.140　ワルシャワにあるキュリー夫人博物館：キュリー夫人の生まれた家

図3.141　キュリー夫人とピエール・キュリー

図3.142　キュリー夫人と長女イレーヌ

図3.143　現大統領官邸（以前貴族の館だったが1765年からオペラやピアノ演奏会に使用）

図3.144　旧王宮（右側）と王宮前広場に集まる人々

リー夫人（図3.141）は，放射性同位元素の発見でノーベル物理学賞，放射線を発するラジウムの発見でノーベル化学賞と二つのノーベル賞を受賞しています．最初のノーベル物理学賞は，夫のピエール・キュリー（図3.141）とアンリ・ベクレルとの3人の共同受賞です．更にキュリー夫人の長女イレーヌ（1897～1956）（図3.142）もノーベル化学賞を受賞したために一家で4個のノーベル賞を受賞しています．このような一家はキュリー夫人一家以外には誰もいません．私がシカゴに滞在しはじめてしばらくしてから，1980年頃にシカゴ大学にキュリー夫人の孫娘が訪問するらしいとの噂が流れたことがありました．大学関係者は"色

図3.145　16世紀に始めて地動説を唱えた賢明なコペルニクスの像

図3.146　ワルシャワ伝説の剣と盾を持つ人魚像

めきだった”のですが，その後キャンセルになったのでこの騒動は静まりました．“実際に訪問していれば”私にとって歴史的な経験になっていたかもしれません．

　ポーランドは，歴史的にロシアやドイツなどの近隣の国の支配を受けています．最近の第2次世界大戦では，ドイツ軍によってワルシャワの重要な建造物の80％が破壊されたそうです．しかし，戦後ポーランド人は戦前と同じような建物を建設したのです．そのためには，記憶と写真などの記録に基づいて“壁の裂け目”までも戦前と同じようなパターンにしたそうです．そこで建物は新しいのに，壁の傷だけが古く見えることになったようです．我々がワルシャワを訪問した2011年には，戦時中にそのように極端な破壊がされたとは全く想像できない様子でした．むしろ反対に建物だけでなく街全体が中世から保存されているほかのヨーロッパの街と変わりない印象でした．これはポーランドの人々の大きな努力のお陰と思います．現在の大統領官邸（図3.143）は戦争中に破壊されなかった数少ない立派な古い建物の一つで，過去にオペラなどの音楽会などに利用されていたのです．

　旧王宮（図3.144）は戦争中に破壊されたのですが，戦後復興建設されたものです．内部の調度品は戦争中に疎開されていたオリジナルの国宝です．ポーランドの人々の素晴らしい努力に感謝するべきと思います．

　ポーランド人で歴史的に有名なのは，初めて地動説を唱えたコペルニクス（1473〜1543）です．コペルニクスの像（図3.145）は，大統領官邸とワルシャワ

図3.147　スターリンの残した文化科学宮殿

大学の近くに建っています．コペルニクスはとても思慮深い方だったと思われます．コペルニクスは“太陽を中心として地球がその周りを回転している”との地動説をまとめた書「天体の回転について」の公表を死の直前まで避けたのです．そこで迫害を受けたことはないそうです．しかし，約100年後にイタリアのガリレオ・ガリレイ（1564〜1642）は生前に地動説を唱えたために宗教裁判にかけられ，考えを曲げなければ

図3.148　ワルシャワ市街の眺望　左下手前の立派な建物はポロニア・パレス・ホテル

図3.149　美味しく大満足のポーランド料理

"火あぶりにされる"と脅迫され自説を曲げたのですが、「それでも地球は回っている」と呟いたのは有名です。

ワルシャワ市の紋章は人魚をデザインしたものです。人魚の像は世界各地にあり、ほとんどのものは有名なコペンハーゲンの人魚像のように"美しさや女性らしさ"を示す像ですが、ワルシャワの人魚像は大分違います。ワルシャワの人魚（図3.146）は"剣と盾を持った勇敢な戦士"です。これは長い間外国支配に苦しめられたポーランドの人々の気持ちを表現しているように思えます。伝説では、ワルシャワの東側を流れるヴィスワ川沿いに住んでいた貧しい漁師が、ある日網にかかった人魚を生け捕りにしたのです。漁師は人魚を家に連れて帰りましたが、「川に返してほしい」と懇願されその通りにしてやると、その後漁師の家の近所には人が住み着き、魚がよく売れるようになり漁師は裕福になったそうです。その漁師夫妻の名前がワルスとサワで、これがワルシャワの始まりだそうです。

ワルシャワ市には、市に不似合いな文化科学宮殿（図3.147）があります。高さ234mで37階建ての高層ビルはワルシャワに全くマッチしない高層建築ですが、スターリンの命令によって1952年から4年の歳月で完成したものです。この建物を見ると、旧日本軍が韓国ソウル市の旧朝鮮王朝の正門と宮殿の間に、全く不釣り合いで「巨大な大理石の日本軍総司令部」を作ったことを思い出します。当時韓国の方は、あまりに巨大な建物なので壊すことも移動もできずに困っていましたが、その後莫大な費用をかけて別の場所に移動したそうです。人類の悲しい歴史において、「征服者は被征服者を侮辱するために作らせた」と思える"人類の負の遺産"と考えると大変残念です。

文化科学宮殿から眺めるワルシャワ市の景色（図3.148）の左下手前の石作りの立派な建物は我々の滞在したポロニア・パレス・ホテルです。1914年にオープンし、ワルシャワ初の近代的設備を備えた豪華な内装で観光に便利な場所にあり、第2次世界大戦で破壊されなかった唯一のホテルです。費用は極めて妥当でしたので初めてのワルシャワ訪問にはお勧めです。図3.149は素晴らしく美味しいボリュームのあるポーランド料理3人分の例です。滞在中にはポーランドの人々の温かさを感じましたが、"長い間外国支配を受け苦労した"経験と関係しているのかもしれません。

4. アジア・太平洋

4.1 神秘的なインド

　アジア・オセアニア地域の医学物理に関する国際会議がピンクシティーと呼ばれるジャイプルで2017年に開かれインド訪問が実現しました．インドは，米国，中国，ロシアなどと同様に巨大な国ですので，観光などの訪問先は多数ありますが，ゴールデン・トライアングルと呼ばれる北インドの主要3都市，デリー，ジャイプル，アーグラーを訪問しました．デリーからジャイプルへは飛行機で移動し，ジャイプルからタージ・マハル訪問にはハイヤーで片道500キロを往復しました．この旅行を通じてインドは広大な国であることと，物凄い人口を抱えていることが強く印象に残りました．途中で出会った米国の旅行者は，この3都市をハイヤーで回る予定と聞きましたが，次回はそのような予定も可能と感じました．

図4.1　ムガル帝国のパワーを誇る赤い城ラール・キラーと多数の観光客

図4.2　デリーの浅草・庶民の街チャンドニー・チョウク

図4.3　デリー観光のハイライト，クトウブ・ミーナール

　デリーでは，1640年代に第5代皇帝シャー・ジャハーンによってアーグラーからデリーに遷都した「赤い砦」と呼ばれる広大な城（図4.1）を見学する予定でしたが，あまりに多くの観光客がいるため内部の見学をあきらめました．その後，デリーの浅草と呼ばれるチャンドニー・チョウク地区（図4.2）を訪問し，インドの複雑で混沌とした様子の一端を眺めた感じがしました．デリー郊外のクトウブ・ミーナール（図4.3）は，世界遺産の一つでインド最初のイスラム王朝（13世紀）の建築物群です．インド訪問中は，最悪の大気汚染でホテルからの視野は酷いものでしたが，タクシー運転手は全く気にしていないので慣れっこになっているのが明らかです．しかし地元の新聞では，多くの外交官の家族はインドを離れて避難していました．デリーから飛行機で離陸約10分後には，薄黄色の汚染空気層を離れて透明な上層に移動してゆく様子が明確に観察できたのは大変な驚きでした．

　ジャイプルはデリーから約300km離れた場所のピンクシティと呼ばれる都市です．この街の郊外の丘の上には，美しく見事なアンベール城（図4.4，4.5）があります．城の中には膨大な庭園や噴水があり，王様のマハーラージャは夜ごと開かれる宴を眺めて楽しんでいたそうです．アンベール城の上にはジャイカル要塞（図4.4の左上）があります．城の上から周囲を眺

めると，近くの山の峰には中国の万里の長城と同じような石の構造が見られたのには驚きました．違う国でも同じアイデアの構造物を考えたと仮定したのですが，あるいは中国から学んだのかもしれません．

　ジャイプル滞在中に，ホテルのハイヤーを利用して500km離れたタージ・マハルを日帰り訪問することが可能だとわかり実行しましたが，料金は極めて妥当なものでした．驚いたことには，この長距離ドライブの間に山を見たことがないことです．そこでインドは豊かな国と想像しましたが，実際には人口が多く貧しい方が多いことには驚きました．

　インドのタージ・マハルは，エジプトのピラミッド，ペルーのマチュピチュ遺跡と並んで最も人気のある世界遺産です．タージ・マハルは，ムガール帝国の皇帝シャー・ジャハーンが「愛妃ムムターズが38歳の若さで亡くなった」ことを悲しみ，ムガール帝国の国力を傾け世界各地から宝石と職人を取り寄せ22年の歳月と膨大な費用をかけて建設した巨大な墓です．タージ・マハルの正門入口（図4.6）を通り過ぎると，いきなり白大理石に輝く「ハッと息をのむような感激」を覚えるほどの巨大で豪華な建造物がタージ・マハル（図4.7）です．以前から写真を見て知ってはいましたが，本物の印象は「説明が困難」と思えるほど素晴らしい感激でした．世界遺産の中でも特別な位置

図4.4　砂漠の国に君臨したマハラージャが建設した優雅で繊細なアンベール城

図4.5　アンベール城内の美しい庭園で夜ごと宴会開催

を占めていることは明らかでした.

　インド訪問からシカゴに戻って数か月後,週刊誌TIMEに掲載された記事に驚きました.その記事によるとタージ・マハルと皇帝や愛妃に関する映画がインドでほぼ完成したらしいのです.しかし,インドのヒンズー教の過激派の一部から「この映画はインドの歴史を正しく表現していない」と「(映画を上映する)映画館は全て焼き討ちにする」,「映画監督,主演男優,主演女優は刀で首を切り落とす」との公開脅迫状が出て,3人は直ちに身を隠したそうです.このニュースにはとても驚きましたが,その後どのように解決した

のか結果を知りません.世界史の中には,多くの激しい宗教対立がありますが,最近でも存在することがわかると思います.インドには,多数の宗教が存在しますが,ヒンズー教徒81%,イスラム教徒13%で,長い間イスラムの支配者がいたのは明らかで,ヒンズー教徒の猛烈な反発は理解できると思います.

　ジャイプルのホテルでは料理長(図4.8)と仲良しになり,毎晩,我々の食べられる程度の辛さの夕食とワインを楽しみました.タージマハル訪問ではサンドイッチとバナナを用意してくれ,別れ際には3ヵ月毎に訪問してほしいと言われびっくりでした.

図4.6　アーグラーにあるタージ・マハルへの正門入口

図4.7　王妃のための巨大な墓である豪華なタージ・マハル

図4.8　ジャイプルのホテルで親しくなったインド人シェフ

4.2　神々が住むと言われるインドネシア

インドネシア訪問は，2015年ジョグジャカルタでアジア・オセアニア地域の医学物理に関する国際会議が開かれ実現しました．ジョグジャカルタはジャワ島の古都で，王宮や周辺のボロブドールやプランバナン寺院群などの世界遺産があります．現在はイスラム教徒が90%以上ですが，仏教とヒンズー教も共存しています．ボロブドール遺跡（図4.9）は，9世紀ごろに50年の歳月をかけて建造されたのですが，建造後1000年以上も密林の中で火山灰に隠れていたのです．

しかし，仏教遺跡の伝説を信じたイギリス人によって1814年に発見されました．発掘作業は極めて困難だったので，修復・保存は1973年のユネスコ主導による大規模作業を待つことになります．遺跡の訪問では，そのような歴史を想像するのが困難です．一方，プランバナン寺院群（図4.10）は，ジャワ・ヒンズー教の遺跡です．9世紀頃には北部は仏教王朝に，南部はヒンズー教王朝に統治されていましたが，二つの国は王族同士の婚姻で親戚関係にあったそうです．そこ

図4.9　1000年以上も密林の中で火山灰に隠されていたボロブドール仏教遺跡

図4.10　プランバナン・ヒンドゥー寺院史跡

図4.11　バリ島ブノア岬のリゾートホテル

図4.12　バリ島の伝統的な段々畑

で同時代の宗教文化の繁栄と共存を理解することができます．インドネシアの特徴ある伝統的な染色工芸は，日本でジャワ更紗（バティック）と呼ばれています．影絵芝居やラーマヤナ舞踏と呼ばれるきらびやか

な衣装をまとった踊り手によるダンスは一見の価値があります．

　会議の後，バリ島を訪問し休暇を楽しみました．バリ島は1920年代から欧米で「バリ島ブーム」と呼ば

図4.13　バリ島海岸で夕日を眺めながら楽しめる海鮮バーベキュー

図4.14　バリ島の多くの個人の家で見られる宗教的祭壇

れるほど多くの芸術家が訪問し，バリ島の文化や芸術に影響を及ぼしたと言われています．地図の上では小さな島に見えるのですが，実際には巨大と感じるほど（東京都の3倍）多くの地域と施設がありました．リゾートホテル（図4.11）はとても快適で，海岸沿いのジョギングは素晴らしく，高級ショッピングセンターもあります．リゾートホテルが集まった地域は数地区あり，会議ホストの推薦でブノア岬と呼ばれる海に突出している細長い半島を選びましたが，これは良い選択でした．バリ島見学タクシーツアーでは，有名な段々畑（図4.12）や旧火山湖を含むバトール山とキンタマーニと呼ばれる高原地帯の大景観を眺めながら昼食，夕方には太陽が海に沈むのを賛美しながら海岸で海鮮バーベキュー（図4.13）を楽しみました．インドネシア訪問を通じて強く感じたのは，人々の心の温かさです．その理由は，信心深い宗教（図4.14）を持つ人々が根底のような気がします．

4.3　石造り文化のカンボジア

　ベトナム訪問の後，ホーチミン市から飛行機で1時間半ほどと極めて近いカンボジアのアンコール・ワットを訪問しました．カンボジアはベトナムの隣の国ですが，多くの点でベトナムとは全く異なり，「その相違の大きさ」にはとても驚きました．

　アンコール・ワットのある国としてカンボジアは知られていますが，アンコール・ワットに象徴される石造文化はカンボジアの歴史と文化を反映したもので，カンボジア人（クメール人）の誇りです．カンボジアの国旗にはアンコール・ワットのシルエットが描かれ，紙幣には遺跡がデザインされています．アンコール・ワットを含む巨大な寺院群を有するクメール王国

は，1000年ほど前にマレー半島の一部まで領土とした大帝国で，アンコール・ワット以外にも数百を超える宗教施設が王国全土に造られていたそうです．現在もシェムリアップ地域（図4.15）には100以上の寺院があります．この地域を訪れる観光客は年間300万人と言われますが，シェムリアップの街は“6時までビール一杯50セント”という英語の広告が軒並みのレストランに出ており，“ここは一体どこか”と思うほどです．

　シェムリアップの街の周囲には多数の寺院があり，観光には数日間の通し切符を購入するのが便利です．しかし，多数の寺院（図4.16）を回っているとその

図4.15　年間300万人が訪問するシェムリアップの街の中心部の様子と2台のトゥクトゥク

図4.16　シェムリアップにある多数の石作り寺院の例

図4.17　タ・プローム仏教僧院に絡まる神秘的な雰囲気を持つ巨木

うちに区別がつかなくなり，どれも同じような錯覚に
陥る可能性があります．そこで特徴のある寺院を重点
的に回るのがよいかもしれません．市内の移動には，
トゥクトゥクと呼ばれる電動バイク（図4.15）によ
る乗り物が便利です．市内観光をお願いしたトゥク
トゥクの若い運転手と仲良しになり，英語が上手だっ
たので，家族のことから王様やカンボジアの将来のこ
とについて，運転を終えた後に詳しく話を聞けたのは
とても有益でした．特に若者が元気で将来に期待して
いることは明らかでした．
　タ・プロームという寺院（図4.17, 4.18）は，仏教
寺院でしたがヒンドゥー教寺院に改造されたそうで
す．これは仏像が削り取られていることからわかるら
しいです．建立当時の僧院には5,000人の僧侶と600

人の踊り子が住んでいたので，巨大な僧院だったよう
です．この寺院では，自然の力を理解するために樹木
の除去や大規模の修復を行わないままになっていたの
で，スポアンと呼ばれる巨木の根に押しつぶされそう
になっています．この寺院には，写真にあるものだけ
でなく数ヵ所のスポアンの巨木の根が見られ，"巨大
なタコのような怪物が建物に絡みついてる"感じは別
世界に来たような印象を持ちます．世界中のどの国で
も，私はこのような巨木と建物を見たことがありませ
ん．このカンボジア遺跡の巨木の絡まる景色は，超自
然の世界に来たような「身震いするほどの不思議な神
秘的感覚」を経験することができると思います．この
世のものとは思われないような"巨大な樹木の力"を
感じるので，一度は見る価値があると思います．

図4.18　タ・プローム寺院を"押しつぶすような"この世のものとは思えない巨木の根

図4.19　アンコール・トムの観世音菩薩像

図4.20　アンコール・トムの壁画の例

　アンコール・ワットの造営から半世紀後に高さ8m広さ約3kmの城壁で囲まれた王都が作られ，王と神の都市アンコール・トムと呼ばれています．アンコール・トムとは，クメール語で「大きな都」という意味だそうです．アンコール・トムは，アンコール・ワットの数倍の広さを持ち，クメールの帝国的支配の基礎を作り上げたのだそうです．

　アンコール・トムの中心はバイヨンと呼ばれる寺院で，穏やかに微笑んでいる多数の巨大な観世音菩薩像（図4.19）が有名です．この寺院の回廊には見事なレリーフ（浮彫）で，当時の貴族や庶民の生活が描写され，人物（図4.20）や動物の表情は明るくユーモラスで，生きているように見えます．

　アンコール・ワットは天空の楽園と言われています．アンコール王朝の王都が500年にわたりシェムリアップに存在したのは，この地が経済的及び政治的に

図4.21　アンコール・ワットの前方歩道からの写真

図4.22　高僧たちの沐浴の場所

図4.23　アンコール・ワットの内部回廊

重要だっただけでなく，新王は寺院などの造営で正当な後継者であることを示していたからだそうです．アンコール・ワット（図4.21）は750m×850mの敷地ですが，その周囲は200m幅の堀で囲まれています．このような巨大な堀を，私が訪問した世界中の国で見たことがありません．この地域では，特に水が極めて重要ですので巨大な堀は大きな意味を持っていたと思われます．アンコール・ワットの中心部の壁面には200体以上のデバター（女神）像があり観光客に人気があります．それぞれ薄着の模様や装飾品，顔の表情までが僅かに違っています．更に，髪型，髪飾り，衣装などを比較するのは大変面白いと思います．また，十字回廊と呼ばれる"高僧たちの沐浴する場所"（図4.22）があり，王国の治水技術を自慢する施設だった

そうです．雨季には洪水，乾季には干ばつで苦しんだこの国では，水をコントロールすることは偉大な王の条件だったそうです．地上より高い位置に池を作るには優れた知識と技術が必要です．この池はその優れた技術で，王国に「充分な水を供給できることを誇示していた」と考えられます．

　この十字回廊の近くに天井の高い部屋（図4.23）があります．ここで，胸をこぶしでたたくと「ボゥーン，ボゥーン」と大きな反響が返ってきます．この反響の音によって王は忠誠心を試していたそうです．アンコール・ワットの中心部には中央祠堂が立っています．これは古代インドの思想で，神々が住むとされる山（須弥山）を表現しているそうです．

4.4 　仏教の国タイランド

　日本では，タイランドをタイと呼びますが，正式な名称は「タイランド」です．しかし"なぜ，日本では省略して「タイ」と呼ぶようになったか"の理由は明確ではありません．できるだけ早くこの間違いを修正するべきと思います．私のこの記事ではタイランドと記述します．

　タイランドは日本と同様に，西欧に占領されずアジアで独立を保った数少ない国です．その理由は明確ではありませんが，多分タイランドは仏教王国としてキリスト教侵略に強く抵抗したと想像できます．日本では，キリスト教侵略に対して鎖国政策で国を守ったのですが，タイランドではどのようにして国を守ったのかは明確ではありません．しかし大変興味ある疑問だと思います．タイランドの現在の政治体制は，日本と同じ立憲君主制ですが，国王の国民への影響はかなり強いようです．これは，後述するタイランドの近代の歴史を考えれば，極めて納得のゆくことだと思います．我々がタイランドを訪問したのは，前国王が亡くなった直後でしたのでバンコックの街には黒衣装や黒リボンの方が多かったのには驚いた記憶があります．

　2016年に医学物理の国際会議がバンコックで開催され，我々はタイランドを2度訪問するチャンスがありました．タイランドの面積は日本の約1.4倍で，人口は約7,000万人です．国民の94%の宗教は仏教です．しかしタイランドの人々の信仰心は，日本とはかなり異なるようです．そのために「キリスト教宣教師は布教することができなかった」と想像されます．そのような状況は起こりうると仮定できますが，ヨーロッパから派遣された宣教師達の歴史を調べることが必要かもしれません．

　バンコックには，チャオプラヤー川（図4.24）という巨大な川が流れています．この川には水上バス（図4.25）があり，終点までの往復利用は観光にも便利です．また，市内電車や列車も容易に利用できます．バンコック市内ではタクシーやトゥクトゥクも便利です．チャオプラヤー川の両側には多数の高層ビル・アパートとホテルが立ち並んでいます．バンコックには多数の寺院がありますので，どの寺院を訪問するかは

図4.24　タイランド・バンコックのチャオプラヤー川岸に建つ高層アパートやホテル

図4.25　チャオプラヤー川の便利な"観光にも利用できる"水上バス

図4.26　チャオプラヤー川から眺めるタイランドの王宮とワット・プラケオ

(A)　　　　　　　　　　　　　　　　　　　　　(B)

図4.27　(A)ワット・ラーチャボピットと(B)本堂の仏像

慎重に選択することが必要です.

　タイランドの王室の建物とワット（寺院）・プラケオ王室寺院（図4.26）は，チャオプラヤー川の近くの広大な敷地に位置しています. バンコックは，後述のアユタヤー王朝の崩壊の後，ビルマ（現ミャンマー）軍を追い払って，1780年代に新たな王朝の始まりとして建設されたのです. 王宮は，膨大で近代的な西洋風の4棟の宮殿からできています. この敷地内にあるワット・プラケオはタイランドで最も格式の高い王室寺院です. その本堂にはエメラルド色のヒスイの仏像が祀られているためエメラルド寺院とも呼ばれているそうです. 残念ながら撮影禁止のため写真を展示することができません.

　王宮の近くで約100年後に建設された現代的な仏教寺院ワット・ラーチャボピット（図4.27A）があります. ここでは黄金に輝く仏像（図4.27B）を撮影できました. バンコックには多数の寺院がありますが，

チャイナタウンのワット・トライミットの本堂には，巨大な金（純度60%）の仏像もあり，高さ3m，重量5トンもあるそうです. ワット・ポーには，横たわる巨大な寝仏（図4.28）のあることが知られています. この寺院は，タイランド最初の大学（医学分野タイランド式マッサージ）のある寺としても有名だそうです.

　バンコックを新しい首都として建設するについては，ビルマ（現ミャンマー）などの外敵に対する対策が極めて重要だったと思われます. そこで宮廷や新都市の外側に運河を巡らせ，12カ所の城塞と城壁を建設したそうです. 現在，バーンラムプー運河の内側にプラ・スメーン砦とマハーカーン砦の2カ所の城塞が残っています. 更に，その運河の内側と外側にも別の運河（ロート運河，バドゥン・クルン・カセーム運河）が作られていますので，当時の外敵に対する脅威は想像を絶するものだったと推測されます.

図4.28　ワット・ポーにおける巨大な寝仏像

(A)　　　　　　　　　　　　　　　　　　　(B)

図4.29　アユタヤーの(A)破壊された仏像と(B)木の根に取り込まれた仏像の首

　私は，少年時代に読んだ「徳川時代にタイランドに渡った山田長政という英雄の物語」を覚えていました．そこで，その足跡の残るアユタヤーを訪問したのです．アユタヤーは，バンコックから列車で1時間ほどの距離で容易に日帰りできます．当時，1,500人ほどの日本人が住んでいたのですが，その後の鎖国政策のため全員引き上げたそうです．現在はほとんどその足跡はないのですが，記念館が残っていました．最近のインターネットによると，英雄山田長政はタイランドの映画になっているようです．アユタヤーは，現在のチャクリー王朝（1782〜）の前のアユタヤー王朝（1351〜1767）時代の首都で“ヨーロッパにも知られるほどの”繁栄した国際都市”だったそうです．しかし，ビルマ（現ミャンマー）との戦いで陥落したのです．ビルマはすべての仏像を破壊（図4.29A）したそうです．有名な木の根に取り込まれた仏像の首（図

4.29B）は，この時に破壊されたものと思います．これは人間の歴史において「人間や宗教に対する憎しみや恨みがいかに根深いもの」であったかを示す一つの証拠と思います．しかし，アユタヤー王朝が陥落した後に，タイランドの次の国王は首都をバンコックに移し，ビルマを追い出して現在に至っているそうです．そこで，タイランドにおける国王に対する深い敬意と忠誠心を理解できると思います．

　バンコック訪問中に，1957年の名作映画「戦場にかける橋Bridge on the River Kwai」で有名になったタイランドとビルマをつなぐ橋を見に出かけました．この橋はバンコックから130kmのカンチャナブリという場所にあり電車で訪問できます．この映画は第2次世界大戦中にビルマで捕虜になった英国軍兵士と日本軍人がクワイ河に木造の橋を架ける物語で，7個のアカデミー賞を受賞しテーマ曲「クワイ河のマーチ」

図4.30　プーケットの海岸沿いのリゾートホテル

(A)　　　　　　　　　　　(B)　　　　　　　　　　　(C)

図4.31　新鮮な(A)海鮮材料, (B)焼き魚と(C)タイランド料理

は名曲です. 多くの年配の方は聞いたことがあると思います. 監督はローレンス・オリビエ, 出演はアレック・ギネスと早川雪舟やウィリアム・ホールデンでした. 青年時代に胸躍らせながら見た映画を楽しく思い出しました.

　カンチャナブリへ向かう途中に, 電車はメークローン市場を通過しましたが, "信じられない" 珍しい光景を目撃しました. この市場では, 線路の上に生鮮食料品や日用品が並べられ日よけがかけられていますが, 列車の警笛が鳴ると線路の上の品物は急いで脇に寄せられ, 日よけは畳み込まれます. 列車がゆっくり通過すると, 再び品物が並べられるのです. この光景は, 毎日4往復する列車が通過するたびに繰り返します. この珍しい市場は, 大変な人気で多くの観光客や買物客が訪れるそうです. このような市場は世界中で唯一と思います.

　最初のバンコック訪問の後, ヨーロッパや米国でよく知られている人気のあるプーケットを訪問し数日間滞在しました. プーケットは飛行機でバンコックから1時間ほどの距離で, 気候の良い海辺のリゾート (図4.30) ですので, ヨーロッパや中国など海外からの訪問客が多数でした. ここではトライアスロン国際レースが毎年開催され何度も参加している次男は, 我々の旅行には不参加でした. 町では, バーベキューなどの海鮮料理 (図4.31) が多かったです. 最近のニュースでは, ロシアのウクライナ侵略戦争のために, ロシアからの多数の観光客がプーケットに取り残され帰国できず困っているそうです.

参考映画 「戦場にかける橋」1957年
主演アレック・ギネス, 早川雪舟, ウィリアム・ホールデン
名曲：クワイ河のマーチ　アカデミー賞受賞映画, 受賞名曲

4.5　南太平洋の美しい島タヒチ

　私は子供の頃からフランスの印象派の絵が好きでした．当時画家として特に気に入っていたのは，ロートレック，ゴッホ，ルノアール，ゴーガンなどの印象派画家達でした．シカゴに行ってからも自分で油絵をたまに楽しんでいたこともありました．特に強い印象に残っているのは，ゴーガンがタヒチで生涯の多くを過ごしたことです．そこで私は子供の頃から長い間タヒチを訪問したいとの強い願望を持っていました．この

旅行は2019年2月に実現しました．しかし，中国でのパンデミック発生直後だったため，タヒチに着いてから，時折我々は日本人で中国のパンデミックとは関係ないとの説明が必要でした．タヒチは太平洋の東南部にある118の島からなるフランス・ポリネシア領です．東京からタヒチまでは飛行機で約11時間かかりますが，アメリカやオーストラリアからもほぼ同等の時間がかかりますので，南太平洋に浮かぶ孤島は楽園

図4.32　タヒチ島から眺めるモーレア島

図4.33　モーレア島から眺めるタヒチ島

図4.34 モーレア島の水上バンガロー

図4.35 モーレア島の陸上バンガロー

の極上バカンスとも呼ばれています.

　タヒチの島々で良く知られているのはモーレア島（図4.32），タヒチ島（図4.33），ボラボラ島などです．我々は，タヒチに到着し一泊してから翌日フェリーで30分ほどの距離のモーレア島のリゾートに滞在しました．この地域のリゾートホテルは各部屋が，島から離れた海上に個別に建設された水上バンガロー（図4.34）と陸上バンガロー（図4.35）になっています．好きな時に自分の部屋から自由に海に飛び込み熱帯魚と一緒に泳ぎ回ることができます．モーレア島の我々の滞在したリゾートは，海岸から約500mの位置にあ

るサンゴ礁で囲まれ，海上は全く波がなく驚くほど穏やかで薄緑色の美しい海でしたが，比較的強い流れのあることから海水は絶えず透明できれいでした．サンゴ礁のエッジ部分は白波が立っており，それから先は深い海を示す濃い青色でサンゴ礁の外は明らかに外洋の波のあるのが分かります．バンガローの周辺には多数の熱帯魚が泳いでいますが，約1mのエイがゆっくりと泳いでいるのを見つけたときには驚きました．島は比較的小さいのでレンタカーで容易に一周できます．タヒチは一度来る価値のある所と感じました．

4.6 驚異的な歴史と自然の中国

世界史を大きく眺めると，人類の祖先は約百万年前にアフリカで誕生し，進化しながら次第に中近東からヨーロッパに拡散，更にインドと中国から日本へと広がり，最後にアメリカ大陸に渡ったと考えられています．そこでそれぞれの地域と時代による特異な文化が発達したのです．中国の面積は日本の約25倍，人口は14億人で日本の11倍です．

人工衛星から認識できる"地球上にある最大の人工構造物"は中国の万里の長城（図4.36）であると言われています．北京（ペキン，ベイジン）の近郊にある万里の長城を訪れると，その規模の大きさに圧倒されます．更にこの構造が広範囲にある事実は驚くほどで，北方民族に対する脅威は想像を絶するものだったと思われます．万里の長城の構築は中国を統一した秦の始皇帝から始まり，明の時代の完成まで2000年にわたっているのは驚異的です．最後の皇帝までの間に数えきれないほど多くの王国や皇帝の誕生と滅亡を繰り返していますが，映画「ラストエンペラー」（1987年公開，伊中日米合作映画：9部門でアカデミー賞を受賞した歴史大作）は大変興味深い最後の皇帝の物語で，中国の歴史の一部を理解できる見事な作品と思います．王宮の中心は北京の故宮（図4.37）で，部屋数は約9,000もあり世界最大の宮殿だと思います．

西安（セイアン，シーアン：古都長安）（図4.38）は約2000年もの間，始皇帝の時代以前から首都でしたが，近年1936年にも西安事件と呼ばれる蒋介石が国民党に逮捕される事件が起こった場所です．始皇帝の兵馬俑（ヘイバヨウ：図4.39, 4.40）は1974年に井戸

図4.36　北京郊外の万里の長城

図4.37　北京の故宮内部の宮殿

図4.38 西安を取り囲む城壁とレンタル自転車

図4.39 西安にある兵馬俑の等身大の兵士や軍馬

図4.40 兵馬俑博物館展示の秦始皇帝の銅馬車

を掘っていた農夫が偶然見つけたのです。我々が訪問した2006年には，その発見者が写真集にサインしてくれましたが，数千人を超える兵士や馬などの素焼きの陶器を含む想像を絶する巨大な遺跡は現在も発掘中です。近くには華清池と呼ばれる古代からの温泉（図4.41）があり，唐時代に楊貴妃と玄宗が利用したとして有名ですが，現在も利用できるそうです。

武漢（ブカン，ウーハン）は，中国史で有名な劉備，

図4.41　唐時代に楊貴妃が利用した温泉地，華清池

図4.42　三国志時代の黄鶴楼

図4.43　孫文による辛亥革命記念館

図4.44　武漢からの長江（三峡ダム）2泊3日船旅行中の風景

図4.45　桂林にある4時間半の川下りと無数のカルスト地形

図4.46　山岳地帯の少数民族集落と段々畑

曹操，孫権の活躍した三国志の中心の都市ですが，黄鶴楼（図4.42）は当時の見張り台として造られ，素晴らしい眺めだったと想像できます．しかし，現在は大気汚染のため中国の多くの工業都市では500m先が見えないほどです．1911年には中国革命の父と言われる孫文が辛亥革命と呼ばれる武装蜂起（図4.43）し，中国の皇帝制度が消滅した（前述映画「ラストエンペラー」）ことで，武漢は知られています．20世紀以上の長い歴史と比べ最近100年間に，中国は驚くほどの複雑な政治的変化と事件および指導者の交代（孫文，蒋介石，毛沢東と文化大革命，鄧小平，習近平）を経験しています．

　武漢を流れる長江には巨大なダムが建設され，2007年のSPIEの会議の後，2泊3日にわたる素晴らしい景色（図4.44）の船旅を楽しむことができました．なお，中国は世界に類を見ない大土木工事を1400年前の隋の時代に行っています．それは黄河と長江を結ぶ約600kmの運河で，現在も利用されています．スエズ運河やパナマ運河よりも遥かに大規模な運河ですが，残念ながら広く知られていません．

　桂林（ケイリン，グイリン）は，金木犀や銀木犀（中国名：桂花）の花で知られています．花の咲く3月頃には甘い香りで町中が素晴らしい芳香に包まれます．桂林が有名なのは，カルスト地形と呼ばれる雨水で浸食された山水画のような見事な景観（図4.45）です．驚くほど広範囲に存在するこの世のものとは思えない不思議な感じのする景色は，繰り返しても，繰り返しても飽きない強烈な印象が残ります．なお，中

図4.47　武夷山

図4.48　竹イカダによる九曲がり下り

図4.49　成都研究施設のパンダ

図4.50　峨眉山から眺める下界

図4.51　峨眉山頂上の華蔵寺金殿（左側）

国茶は世界に類のないものですが，この地域には数十種もの高価な茶があり，僅かで微妙な香りと味の区別は容易ではありません．

　中国には55の少数民族が存在し，その自治区の面積は中国全土の45％になると言われており，その一部が桂林の近くの山岳地帯（図4.46）にあります．中国の少数民族に関しては，人口は多くはないのです

が，巨大な領域に関係していることが気になります．

　武夷山（ブイサン，ウーイーシャン）は，厦門（アモイ）の近くの景勝地ですが，我々の訪問時には雨続きで素晴らしい景色を楽しむことは限られていました．しかし，天候さえよければ歩道橋のついた岩山のぼり（図4.47）や渓谷下り（図4.48）の素晴らしい景観をより深く楽しむことができたと思います．渓谷

図4.52　黄龍の無数の棚田と透明な水の流れ

図4.53　九寨溝の透明で美しい薄水色の湖水と "白く見える" 反射による青空（右下隅）

下りの竹の筏での経験は素晴らしかったです．筏と数人の座席は太い竹でできていますが，安全性は問題ないようでした．中国では，大量の太い竹が建築現場で足場として利用されています．特に香港で70階の高層アパート工事の周囲を竹材で包囲した足場には，鉄製の足場に見慣れているため，とてもびっくりしますが，竹材が豊富なためと思います．

　四川省の首都は，成都（セイト，チェン・ドウー）で中国のかなり西の山岳地帯です．この地域はパンダが生息していることと激辛の四川料理で知られています．我々は香港からのグループ・ツアーに参加したの

ですが，成都の研究施設で多数のパンダ（図4.49）を間近に見ることができました．中国では現在成長したパンダを自然に戻す実験を始めており，一部成功の報告も出ています．峨眉山（ガビサン，3,099m：図4.50, 4.51）は仏教名山聖地の一つで，古くから仙人の住処と考えられてきましたが，現在は多くの方が徒歩で登山できます．ここからの下界の眺めは素晴らしいです．

　中国奥地の秘境と呼ばれる黄龍（コウリュウ，ホワン・ロン，図4.52）や九寨溝（キュウサイコウ，ジウ・ジャイ・ゴウ，図4.53）の訪問には，成都から

図4.54　秦皇島にある万里の長城の海上での終点

図4.55　ワンタンとオイスター・ソースの介藍

図4.56　中国山岳地帯への家族旅行

　更に飛行機で西北に1時間程移動しましたが，途中雪と氷を被った6,500m以上の山岳を越えたのには驚きでした．

　黄龍では，石灰質を含む地下水が作り出す棚田のような無数の池は天候により色彩が変化するそうです．その規模は長さ7km，幅300mもあり，標高3,700mのため酸素吸入のできる休憩所もあります．歩道は整備されており，豊富な水の量には驚きます．

　九寨溝の名称は，渓谷沿いにチベット族の集落が9個あったことに由来するそうです．ここは黄龍よりも更に深山になり，3つの渓谷を含み100以上の湖，滝や湿地があります．九寨溝の湖は信じられないほど透明で美しい水色には驚きます．更に15cmほどの小魚の群にもびっくりしました．現在も残る湖は4,000年ほど前に氷河の消失によって生まれた堰止め湖だそうです．世界中で，私はこのように奇麗な湖を見たことがありません．この世のものとは信じられないほどの透明な美しさに感動します．現在は，1日当たりの入場者数を制限しているそうです．

　秦皇島（チンフアンタオ）は，北京から車で2時間，汽車で4時間の距離の"軽井沢のような"北京の避暑地で，政府首脳陣の夏の別荘地（あるいは夏の北京）と聞いています．ここは万里の長城の海での終点（図4.54）としても知られています．海岸沿の道路からは深い松林に囲まれているため，首脳陣の家屋は一切目につきませんでした．ここでの海鮮料理は，アワビ，イカ，エビ，カニ等の素晴らしい豪華なもので，超最高級の中華料理だったと感じています．我々の経験では，世界各地での美味しい料理の選択は"現地の方に選んでもらうしかない"と思っています．多分，日本でも同じではないでしょうか？　香港や中国での昼食には，小さなお椀のワンタンと一緒に"西洋アスパラ"と呼ばれる介藍（カイラン）（図4.55）の茹でものをオイスター・ソースで食べますが，とても美味しいので好物の中国野菜になっています．中国訪問には香港からのグループ・ツアー（図4.56）が便利でしたが，最近の状況は明らかではありません．

参考映画「ラスト・エンペラー」　1987年
　中国最後の皇帝の歴史的物語
　9部門のアカデミー賞受賞歴史大作

4.7 高層建築の密集する香港

香港の面積は東京の約半分で，人口は750万人です．香港は中国と地続きですが，香港島や現在の飛行場のあるランタオ島など260以上の島からなっています．平地の部分は極めて少ないので高層建築（図4.57）が多いのだと思います．特にカオルーン（九龍半島）と対岸の香港島はスターフェリーと呼ばれる連絡船で頻繁に行き来できますが，ビジネスやホテルだけでなく多くの住民のためのアパートが密集しています．最近では繁華街から離れた住宅地にも無数の高層アパートが建っています．しかし山岳地域の密林や海岸にはリゾート公園や素晴らしいゴルフ場（図4.58）があります．このゴルフ場は英国が1997年まで占拠していた時に作られたものです．香港は金融業，貿易，観光が有名ですが，観光に関しては世界で一番観光客の多い都市で，更に1万人以上の超富裕層が住んでおり，最近ニューヨークを超えて世界で一番多くなったそうです．参考までに東京は世界で3番目に多くの超富裕層が住んでいます．私の長男の嫁の両親と叔父達は香港に住んでいるため，我々は過去30年ほどの間に頻繁に香港を訪ねるチャンスがありました．特に香港からは中国本土各地へのグループツアーが可能で，その料金は日本からのツアーよりも格安です．印象に残っているのは，西安，桂林，成都，広州，厦門などの訪問です．香港は一国二制度で自由に入国できたのですが、最近の情勢変化が香港の訪問客にどのような影響を与えるかは不明です。

参考映画「慕情」 1955年 香港の恋物語
主演： ウィリアム・ホールデン、ジェニファー・ジョーンズ

図4.57 香港島の高層建築

図4.58 香港のクリアウォーターベイ・ゴルフクラブ

4.8　国作り途中のベトナム

シカゴ大学放射線科のカート・ロスマン教授に「シカゴで研究したい」との連絡を送ったのは1967年でした．しかし，「現在はベトナム戦争のためグラントがとれないので2年程待ってほしい」との返事を受け取り，準備することにしました．私とベトナムとの関係はこれが最初のニュースでした．その後1969年に私は家族と共にシカゴを訪問し，最初は3年間滞在の予定でしたが，現在54年後にもシカゴ滞在を継続しています．シカゴで研究を始めると，研究支援の雇用広告に対してコンシエンシャス・オブジェクター（戦争参加は良心的に反対）と呼ばれるロイという名の若い方が研究助手として応募してきたのです．ロイははじめに自分を紹介した後，「この事情のために自分に過酷な仕事を課すことなどがないよう」にと要望を加えました．そこで私は「米国のティーンエージャーは成熟したしっかりした若者」であることに驚き，さらにベトナム戦争の影響を身近に感じました．その後，1973年に米国はベトナム戦争を終結することを決定し，1975年4月30日にはサイゴンの米国大使館（図4.59）の屋上から「ヘリコプターで最後の脱出」のテレビ中継を複雑な気持ちで眺めたのを覚えています．これは一つの時代の終焉を実感したことの個人的な経験と考えています．

ベトナム戦争では多くの犠牲者の出たことが知られています．北ベトナムでは400万人，南ベトナムでは300万人，それに対して米国は6万人と言われています．南北ベトナムでは，米国の約100倍の犠牲者ですが，高い犠牲を払っても「米国には負けない」という強い意志の表れと思います．ベトナムは現在共産主義国家ですが，中国やロシアのような独裁者による国で

はありません．米国や日本を含む世界の多くの国と友好な関係を保持していますので，ベトナム訪問にはビザが必要ですが困難ではありません．旧米国大使館は，現在統一会堂（独立宮殿）と呼ばれ，国賓を迎えるときや特別な会議以外は，一般に開放されています．ベトナム戦争終結の日には，この建物の屋上からヘリコプターで多くの方がベトナム脱出したことをテレビで放映されたのは強く印象に残っています．

我々は2019年にベトナムを訪問したのですが，ベトナム戦争終結から44年経過しベトナムは驚くほどの変化を遂げ，ベトナム戦争からは完全に回復したような印象でした．これを1945年の太平洋戦争の日本の無条件降伏から44年後の1989年の状況と比較すると大変興味ある結果がわかります．当時，日本は毎年10％を超える経済成長を遂げ，「世界制覇に恐れるものなし」との極端な高揚感に浸っていたと思います．しかし，現在の日本は，その後の驚くべきほどの経済成長の停止の経過から慎重な考え方をしていると思います．つまり，一時的な高度経済成長を長期間にわたって継続することは不可能です．サイゴン（現ホーチミン市）では，マジェスティックというホテル（図4.60）に滞在しました．このホテルは，ベトナム戦争中に外国の記者達が滞在したホテルとして知られていますが，徒歩での市内見学には大変便利な場所に位置しています．ホーチミン市を訪問する際には，この素晴らしいホテルを利用することをお勧めします．

ベトナムは中国の南に位置し南シナ海に面して3,200キロにも及ぶ海岸線を含む細長い国で，その領域はインドシナ半島の東側に対応します．面積は日本の約90％で，人口は約1億です．歴史的には長い間

図4.59　サイゴンの旧米国大使館（現，統一会堂（独立宮殿））：ベトナム戦争が終結した場所

図4.60　1925年創業の歴史を感じさせる雰囲気と豪勢なインテリアのホテル・マジェスティック

図4.61　スカイデッキから眺めるサイゴン川（メコン川）とホーチミン市の一部

中国に，近年ではフランスに支配されていましたが，ベトナム戦争後にようやく独立したのです．この地域を流れるメコン川はインドシナ最大の全長4,300kmで，ベトナムでは9つの河口を作り海に注いでいます．このメコンデルタはベトナムの（アジアの）大穀倉地です．メコン川はチベット高原から始まり中国，ミャンマー，ラオス，タイ，カンボジアを通過してベトナムを流れています．ホーチミン市の展望デッキから眺めた（図4.61）サイゴン川（メコン川の地域名称）は，時間によって川の流れが逆に変わるのには驚きました．これは川に浮かんでいる浮草の動きが時間に

よって逆になるので気がついたのです．ここは海に近いので海水面の高さが時間によって変化し，満潮時に海水面が高くなると逆流するのです．日本にはそのような川は存在しないと思います．

　ベトナム戦争でベトナムが勝利した理由の一つは，ベトコンがゲリラ戦で利用した巨大な地下トンネルです．総距離250kmと言われる地下トンネル（図4.62）は，現在ホーチミン市から70kmのクチという所に残っており，観光客は見学できます．トンネルは複雑な構造で，場所によっては3階から4階もあり，内部には台所，食堂，病院や軍事会議の部屋もあったよう

(A)　　　　　　　　　　　　(B)　　　(C)　　　(D)

図4.62　クチにあるベトコンの地下トンネルの狭い入り口から進入のデモ：
(A)進入準備, (B), (C)進入中, (D)進入後

図4.63　ベトコンの複雑な地下トンネルへの観光客デモ用の入口

です．トンネルの入り口はとても狭く，入るのは容易ではないようでした．しかし，観光客のための約10m程の短い地下トンネル（図4.63）では，歩いて通過することが体験できます．しかしこのような体験は2度と経験したくないと感じました．

クチからホーチミン市のホテルに戻るときラッシュアワーに重なり，ベトナム最大の人口1,000万人の都市の渋滞状況を経験（図4.64）しました．この様子は世界の他の都市では経験しないものだと思います．ほとんどのバイクは日本製で2人から4人が相乗りし，老若男女を含む全ての人たちが利用するバイク間の距離は約2メートルでした．この様子から事故が心配になりますが，実際ベトナムのバイクの事故は極めて多いと後日聞いています．

ホーチミン市のサイゴン・スカイデッキから市内を眺めると，まずサイゴン川（図4.61）が目につきますが，反対側には近代的なホーチミン市の建物（図4.65）が圧倒します．この様子からベトナムは戦後44年経過し，見事な復興を遂げていると感じました．ホーチミン市で急な雨宿りの最中にコンビニで出会ったベトナムの若者は，"なまりのない"日本語で話しかけてくれたのにはびっくりしましたが，日本語の専門書を数冊持っていましたので，多分日本への留学を考えている好青年と感じました．

図4.64　ホーチミン市内を走るバイクの密集集団：バイクには2人から4人相乗りも見られる

図4.65　サイゴン・スカイデッキから眺める近代的なホーチミン市

4.9 豊かな自然のニュージーランド

　地球上の約70%は海ですので，世界中の国は島国と考えることができます．そこで大陸ではなく島国の集まり，あるいは島国の一部として世界を眺めることが可能です．

　オールブラックスで有名な世界屈指のラグビーチームはニュージーランド代表です．私は高校時代にラグビーをやったことがあるので是非ニュージーランドを訪問したいと思っていました．最近では次男がトライアスロン大会に参加するため頻繁にニュージーランドを訪問していますので，我々も3年前にニュージーランドを訪れるチャンスがありました．ニュージーランドの面積は日本の約70%ですが，人口はたったの

400万人です．そこで自然あふれる豊かな国であることは容易に想像できます．トライアスロンは，北島のほぼ中央に位置するタウポという町で開催されたのですが，オークランド（図4.66，4.67）からレンタカーで約3時間の距離です．この町はオークランド最大のタウポ湖という湖畔に位置しています．トライアスロンの試合（図4.68）は通常18時間程継続しますので，早朝6時にスタートして，早い人は8時間ほどでゴールするのですが，遅い方は18時間もかかり，夜中の12時頃にゴールする方もいます．この大会はニュージーランドの夏の2月に開催され，朝5時頃からスタートの応援に出かけたのですが，すごく寒いことに

図4.66　人口142万ニュージーランド経済の中心都市オークランド

図4.67　スカイタワーからの市街とハウラキ湾に浮かぶ島々

図4.68　タウポのトライアスロン・レース

図4.69　迫力満点の間欠泉

図4.70　1kgのマッスル・ポットという名物料理

　気が付きました．しかし，衣類を取りにホテルに戻る
ことができず，すごく寒かったことを経験しました．
そのせいで私も妻も酷い風邪を引いたことを覚えてい
ます．
　ニュージーランドは火山地帯ですので大きな間欠泉
（図4.69）が見られます．有名な食事にはラムの肉料
理とニュージーランド特産のムール貝があります．
オークランドの本格ベルギー料理店でのビールとマッ
スル・ポット（図4.70）と呼ばれる伝統的なエナメ
ル製の鍋に1kgのマッスルがたっぷり入った料理は
凄かったです．鍋いっぱいのマッスルは，大人2人で
充分な量でした．この料理を食べにニュージーランド
を再び訪問する価値があると思っています．

5. アフリカ・中近東

5.1 古代エジプト最大の建造物ピラミッド

私は高校時代に世界史が大好きでしたので，チャンスがあれば是非エジプトを訪問したいと思っていまし

た．2019年にそれが実現し，ナイル川の両側に発達した砂漠の国の首都カイロ（図5.1）を訪問し，まず

図5.1 カイロの町とナイル川

図5.2 カイロ博物館

図5.3 ツタンカーメンの黄金のマスク
(Permission by Kenneth Garrett, National Geographic, September 2010)

図5.4　ギザのクフ王のピラミッド

図5.5　ルクソール神殿

図5.6　王家の谷　ファラオの墓の入り口

著名なエジプト考古学博物館（図5.2）を訪ねました．
ここでは有名なツタンカーメンの黄金のマスクを見る
ことができましたが，撮影禁止なのでNational Geo-

graphicの表紙（図5.3）を用いました．この豪華な
マスクを短期間に作成することは困難と言われ，どの
ように作成したかは長い間疑問でしたが，最近このマ
スクはツタンカーメンの早死した姉のものだったこと
が証明されています．またツタンカーメンは未熟な少
年王と考えられていましたが，装飾品に刻まれている
エジプト周囲の国との激しい戦争の様子からツタン
カーメンは強力な戦士だったが戦争で若死したと考え
られています．古代の巨大な建造物はギザのクフ王の
ピラミッド（図5.4）です．4500年前に高さ146m，

図5.7　ファラオの墓の内部

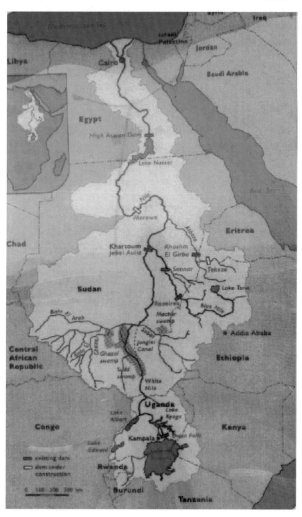

図5.8　流域国10ヵ国に渡る世界最長（6,600km）のナイル川

幅230m，230万個の石を積み重ねたものですが，一個の石は約2.5トンもあり未だにどのように建造したのかは謎に包まれています．長年の浸食などで現在は高さ139mになっています．古代エジプトのファラオ達は，ピラミッドを墓として利用していたのですが，ここに隠されていた金銀の財宝が盗掘の対象となり，更に後世代では困窮した時にこれを利用したこともあるため，その後ピラミッドを廃止し，ルクソールに王家の墓を地下に作るようになったようです．ルクソールはナイル川で東西に分断され，東側はカルナック神殿やルクソール神殿（図5.5）があり生者の町と言われ，西側は死者の町と呼ばれ王家の谷（図5.6）があります．今までに63の墓が発見されていますが，1922年に発見されたツタンカーメンの墓は見事な副葬品で知られています．ファラオの墓は，即位してから作り出し見事な壁画（図5.7）やミイラや石棺でも知られていますが，ツタンカーメンの墓は若死にしたために極めて短いのですが，長生きしたラムセス4世の墓は巨大で豪華です．

　エジプトを訪問すると世界最長6,600キロのナイル川の存在が大きいと気がつきます（図5.8）．特にルクソールからアスワンダムまでの日帰り旅行はエジプト庶民の生活を見ることができました．

5.2 南アフリカの素晴らしい自然と動物

　私は中学3年の時に大阪府の箕面中学校に在籍し、修学旅行で四国の屋島と金比羅宮を訪ねたのを記憶しています。その時、屋島と同じ構造の平らな山で、世界で一番有名なのは南アフリカの巨大なテーブル・マウンティンだと教えられました。その印象は強烈で忘れることはありませんでしたが、「一度見てみたい」との好奇心はズーッと潜在していました。

　南アフリカのケープタウンで2000年にICRU委員会が開催され、家族と一緒に参加することを決めました。この会議には、シカゴ大学のカール・バイボーニィやアルゴンヌ研究所の井口道生先生も出席し、胸部写真（ICRUレポートNo. 70, 2003：日本語翻訳、胸部X線写真の画質、日本放射線技術学会出版）が主テーマの一つでした。南アフリカに関する以下の私の記事の内容は、主として歴史や自然と環境に関するものですので、現在にも当てはまると思っています。

　南アフリカは、ヨーロッパ人に発見されてから長期間にわたって極端な白人支配が続いていました。よく知られている"アパルトヘイト"と呼ばれる白人至上、黒人排斥運動は強力なものでした。私の少年時代には、この問題の解決は不可能にも思えました。しかし、指導者ネルソン・マンデラ達によって、南アフリカは"青天の霹靂"の変化を遂げたのです。マンデラは、27年にも及ぶ投獄にも負けず白人社会に打ち勝

図5.9　ケープタウンのテーブル・マウンティンとヴィクトリア＆アルフレッド・ウォーターフロント。ケープタウンの街はその間にひろがる

図5.10　テーブル・マウンティンへのケーブルカー

図5.11　テーブル・マウンティンから喜望峰の方向の眺望，右は大西洋，左はインド洋

図5.12　ケープタウンの南郊外クリフトンとカンプスベイ，穏やかな気候の高級リゾート地

ち，1996年に初の国民総選挙で大統領に選出されました．この努力は，多くの残酷で複雑な世界史の中では極めて稀な出来事です．マンデラがノーベル平和賞を受賞したことは，多くの方に理解されると思います．この南アフリカの変化は，国際的な経済制裁や軍需物資の供給停止などの国際世論の影響が大きかったと考えられています．

　南アフリカの面積は日本の大体3倍，人口は約4,000万人で，自然が溢れる国です．人種は黒人が75%，白人は15%です．とても驚くのは公式言語が11もあることです．言語は人類の3大発明（言語，貨幣，車輪）の一つですが，交通手段の限られていたアフリカでは，地域ごとにそれぞれの言語が考案・発達したと

想像できます．しかし，その言語が現在も公用語として通用しているのは大変な驚きです．南アフリカには，金，ウラン，ダイヤモンドなど世界で最も豊富な鉱山資源のあることが有名で，この国の主要な輸出品です．

　テーブル・マウンティン（図5.9）は岩盤でできており，1,067mの高さです．観光客はロープウェイ（図5.10）を利用して頂上に到着できます．頂上には，ヒヒ，鹿，ジャコウネコなどが生息しているそうです．ここからの眺めは抜群で，ケープタウン市内を見下ろすだけでなく，喜望峰の方向へ連なる岩山の絶景（図5.11）を眺めることができます．

　ケープタウンの郊外に，クリフトンとカンプスベイ

図5.13　ケープ半島のボルダーズ・ビーチにいるペンギンの群れ

図5.14　南アフリカ・ワインの中心地，ワインランドの風景

（図5.12）と呼ばれる世界的に著名な高級リゾート地があります．町の背後にあるテーブル・マウンティンから続く12の岩山が南東から吹く強い風を遮っているので比較的穏やかで，美しい白砂の海岸で1年中海水浴や日光浴ができるそうです．

　ケープタウンから南に延びるケープ半島には多数の観光スポットがあり，観光客のための多くのツアーがあります．ペンギンが生息しているボルダーズ・ビーチ（図5.13）や多数のオットセイのいるホウト湾があります．半島の先端付近は巨大な喜望峰自然保護区になっており，シマウマ，シカ，マングース，ダチョウ，マントヒヒなど多くの動物や植物が保護されてい

ます．近くの海では，イルカやオットセイが泳いでいるそうです．ツアーの終点は，歴史的に有名な喜望峰（Cape of Good Hope）です．

　南アフリカは，現在ワインの産地としても有名です．ケープタウンの創設者は17世紀に上陸し，ケープ地方の気候がワインの産地であるスペインやフランスに似ていることに気がついたそうです．そこでヨーロッパからの移民の大きな努力でワイン作りが始まったのです．多数のワインルート（図5.14）がありますが，周囲は1,000～1,500m程の山々で囲まれた地帯です．我々が訪問した当時，現地のワインは1本1ドル程度，保険料1ドル，米国への送料1ドルで，合計3ド

図5.15　世界最大の動物自然公園クルーガー国立公園の動物：
(A)ライオン，(B)キリン，(C)インパラ，(D)ゾウ

ルでした．米国で購入すると1本6ドル程度です．そこで多くの観光客は，ダース単位の買い物をしていました．現在は，当時よりも高価だと思います．

　南アフリカ訪問で圧巻だったのは，クルーガー国立公園の訪問と公園内にある"素晴らしく快適な"スクーザ・キャンプでの滞在です．このアフリカ風の小屋の近くには夜中に動物が近寄るので注意が必要です．この公園は，ケープタウンから飛行機で3時間の距離，ヨハネスブルグの北東に位置し，四国程度の広大な低高原地帯で世界最大の動物自然公園です．ここに生息する野生動物の種類と数は世界最多で，インパラ15万頭，バッファロー2万頭，シマウマ2万頭，ゾウ6,000頭，ライオン1,200頭やヒョウ，キリン，サイ，ワニ，カバ，ダチョウなどが住み着いています．公園内をレンジャーの車で早朝から案内・移動します．レンジャーは絶えず仲間と連絡を取り，動物の居場所を探してくれます．ビッグ5と呼ばれる動物は，ゾウ，ライオン，サイ，ヒョウ，バッファローで，少なくともゾウ，ライオンとキリン（図5.15）には何度も遭遇し，多数のシマウマ，ハイエナや他の動物も近距離で見ることができ，川ではワニとカバを見つ

け，更に砂場のカバをしばらく観察できました．

　南アフリカ訪問中の食事で驚いたのはイワシ6匹の焼き物でした．これは凄く美味しかったです．南アフリカの海ではオットセイやペンギンがイワシを餌にしているので，大量のイワシがいることは明らかです．そこで「人間にも！」と思っていたら，レストランのメニューにイワシが載っていたのです．しかしイワシの塩焼きではなく，レモンの味付けでした．一方，刺身や寿司は日本のものとは比較になりませんでした．ダチョウのステーキは，ビーフステーキ・フィレミニョンとあまり変わらない感じがしました．

　南アフリカ訪問中に，この国の黒人は米国の黒人とはかなり違うことに気がつきました．南アフリカの黒人は，特に若い方はとても明るいのです．「何故米国の黒人とは違うのか」を考えていましたが，私の推側では「南アフリカは自分の国だ」という自信と自覚です．一方，米国の黒人は国籍を持っていても，まだ本当に「同化できていない，あるいは同化させてくれない」と感じているからではないかと想像していました．

5.3 アラブ首長国連邦・ドバイ 世界一の超高層ビル

ニューヨークのエンパイアーステートビルは長い間世界で一番高い高層建築でしたが、驚くことに完成は1931年、高さ381mで、1970年代に443mのシカゴのシアースタワーが完成するまで世界一の記録保持でした。その後世界各地で高層ビルが次々に建設され、現在は2010年完成のドバイのバージュ・ハリファが828mの高さを誇っています。その展望台からは周囲の高層建築（図5.16）が小さく見えます。しかし世界一のバージュ・ハリファ（図5.17）は10キロ離れた場所からは見ることはできませんでした。砂漠の砂が空中に舞っているため視界が悪いのです。ドバイは香港、シンガポールに次ぐ国際商業都市で、次男のマラソンとトライアスロンの試合のため訪問するチャンスを得ました。ドバイはアラブ首長国連邦の大都市ですが首都はアブダビです。ドバイは1970年代までは貧しい漁村だったのですが、石油の発見と幅広い見識のある有能な国王によって大きく成長したのです。現在の人口は約1,000万人、原住民は約10%で90%は外国人です。約50%はインドからの出稼ぎ人で市民権を取ることはできないそうですが、所得税免除で頻繁にインドを訪問できるそうです。現地人は所得税免除、医療費免除、教育費免除、ガソリン代免除との優遇措置が取られています。砂漠の国では水不足が心配されますが、海水を処理することによって問題はなくなったそうです。実際ドバイの家や公園には水散布のためのパイプが頻繁に見られます。中東にはあまり植物はないのですが、ナツメヤシ（図5.18）と呼ばれる棕櫚に似た木が多数生えています。その実はデーツと呼ばれ、ドライフルーツのような甘く美味しい食べ物で、家の入口に置いてあり客人は自由に食べることができます。実際ドバイのホテルや国王の博物館の入口にはデーツが置いてありました。中世には主食としても利用されたことがあるそうです。ドバイ市内は近代的な乗り物が走っていますが、郊外に出かけるとラクダに乗っている方を見かけます。大きなラクダ市場（図5.19）があるのには驚きました。ラクダは乗り物以外に食物として売買されています。ドバイではラクダのハンバーガーを食べることができましたが、米国のハンバーガーと区別がつかないと感じました。

図5.16 展望台から周囲の町の様子

図5.17　ドバイのバージュ・ハリファ

図5.18　ドバイのナツメヤシ

図5.19　ドバイのラクダ市場

あとがき

　本書は，筆者が家族と一緒に世界各地を訪問した体験をまとめたものです．この本では訪問各地の重要なポイントを簡潔に記述し，多数の写真を利用して"読者にとって読みやすい"考慮がされています．各地域について，始めに歴史的概要から現状，更に"世界中でそこにしかない"と思われる自然や地域の特徴が記述されています．例えば，ペルー・インカ遺跡と12角の礎石，タイランドの破壊された仏像と木の根に取り込まれた仏像の首，カンボジア仏教寺院にからまる神秘的な巨木，公共の乗り物で山頂近くに到達できるスイスの見事な山岳，ポーランド・ワルシャワの剣と盾を持つ人魚像，アルゼンチン・バルデス半島のクジラの連続ジャンプ，地球誕生を感じさせるアリゾナのグランドキャニオンと巨大なメサ群などです．

　本書では，人類の歴史で傑出した人物 (アルゼンチンのエビータ・ペロン，ポーランドのキュリー夫人)，注目される最近の情勢 (チリのガブリエル・ボーリック大統領) についても言及しています．更に，各地の興味ある料理や食材 (ニュージーランドのマッスル・ポット，ドイツのアイスバインとアスパラガス，フランスのムール貝，スペインのタラ料理，中国のカイラン，南アフリカのダチョウのフィレステーキ，ペルーのポテトとコーン，アラブ首長国連邦のラクダのハンバーグ) を体験し，英国物理学者とフランス人シェフの始めた料理革命については今後の進展が期待されます．

解説
「シカゴ通信：科学者の見た世界、自然と文化、人と食」について

福岡国際医療福祉大学教授
日本放射線技術学会前代表理事
白石順二

　本書は，日本人として初めてシカゴ大学の医学部放射線科の教授に就任し，その後，国内でも群馬県立県民健康科学大学の学長を勤めた土井邦雄先生が，ご自身の研究生活の中で訪問された世界中の国々の生活や食事について，その歴史も含めてまとめたものである．土井先生が研究者としてご家族と渡米されたのは今から50年以上も前のことで，多くの苦難を経てたどり着いた土井先生独特の世界観が本書の中にちりばめられている．よくある旅行ガイドとは違い，研究者としての視点で一般的に有名な観光地から少しマニアックな観光史跡まで解説されていて，美しい景色や建物を土井先生撮影の写真で楽しみながら，その土地に関する知識を身につけることが可能な構成となっている．

　前述のように，本書のような視点で世界中の国々を紹介し，解説した書籍はおそらくこれまでに類がなく，その場所の人や生活の空気に触れることを楽しみとする旅人を夢見る人々にとって，知的な刺激に満ちた新鮮な1冊になると思われる．また，少しでも研究の経験がある人にとっては，研究を通して世界を知ることがいかに魅力的なものであるかが感じられる1冊であり，研究者を目指す学生たちがこのシリーズを読んで非常に興味をもったという事実がよく理解できる．

　世の中の情報の多くがインターネットで入手可能となり，遠く離れた国のことでも瞬時に知ることができるようになった現代ではあるが，美しい写真を通して現地の息遣いが感じられるアナログ的な本書は，土井先生独特の筆調と共に，時間を忘れて読み込んでしまう魅力がある．ぜひ，多くの方々に本書を手に取っていただき，普段はあまり知る機会がない，科学者としての世界観を感じていただければと思う．

【著者紹介】

土井 邦雄（どい・くにお）

早稲田大学理工学部応用物理学科卒業．工学博士．大日本塗料(株)勤務を経て，1969年にシカゴ大学放射線科へ移籍の後，1994年シカゴ大学生科学部ラルフ・ジェラード任命教授，1985〜1998年医学物理学講座主任教授，1977年カート・ロスマン放射線画像研究所所長，シカゴ大学名誉教授．群馬県立県民健康科学大学前学長（2009〜2015）及び名誉教授．日本放射線技術学会名誉顧問．日本医学物理学会名誉会員．

受賞歴：文部科学大臣「科学技術賞」，米国医学物理学会（AAPM）エディス・クインビー賞，
　　　　国際放射線単位測定委員会（ICRU）グレイ・メダル

著書：『学長の回顧録』インナービジョン，2014年

シカゴ通信：科学者の見た世界，自然と文化，人と食

発行日	2024年6月30日　初版第1刷発行
著者	土井 邦雄
発行	日本医学物理学会
発売	株式会社国際文献社
	〒162–0801　東京都新宿区山吹町358–5　アカデミーセンター
	TEL 03–6824–9360
印刷・製本	株式会社国際文献社

© Kunio Doi 2024　printed in Japan　ISBN978-4-910603-29-2 C0026
定価は外装に表示してあります

落丁・乱丁本は送料小社負担でお取り替えいたします